U0855516

心的面貌

[美] 维吉尼亚·萨提亚（Virginia Satir）著
于彬 译

世界图书出版公司
北京·广州·上海·西安

图书在版编目（CIP）数据

心的面貌 / (美) 维吉尼亚·萨提亚著；于彬译. —北京：世界图书出版公司北京公司，2014.11（2025.6 重印）
书名原文：Your Many Faces
ISBN 978-7-5100-8083-8

Ⅰ.①心… Ⅱ.①萨… ②于… Ⅲ.①心灵修养－心理学 Ⅳ.①B849
中国版本图书馆CIP数据核字（2014）第123045号

心的面貌

著　　者：[美] 维吉尼亚·萨提亚（Virginia Satir）
译　　者：于　彬
责任编辑：李晓庆
装帧设计：刘　岩
插　　图：徐寅虎

出　　版：世界图书出版公司北京公司
出 版 人：张跃明
发　　行：世界图书出版公司北京公司
销　　售：全国新华书店
印　　刷：河北鑫彩博图印刷有限公司

开　　本：787 mm×1092 mm　1/32
印　　张：4
字　　数：100千
版　　次：2015年1月第1版　2025年6月第13次印刷
版权登记：01-2013-4912

ISBN 978-7-5100-8083-8　　**定价：**28.00元

让幸福的能量永驻

——“萨提亚生命能量之书”系列缘起

从引进第一本萨提亚的图书至今，萨提亚这个名字已经在中国大地上被广为传颂。为什么？因为有太多太多的个人因着她的理论、她的智慧而重获心灵的自由和身心的成长，太多太多的家庭因着她的洞见与分享让爱重新流动，让和谐幸福满溢。

第一批引入的图书《新家庭如何塑造人》《萨提亚家庭治疗模式》《萨提亚治疗实录》已经将萨提亚的理论框架和治疗方法与过程阐述得非常清晰，在此基础之上，我们又精心推出了这套“萨提亚生命能量之书”系列，让大师的身心能量再次被传导，使理智与感性交融，认知与体验并生，使读者在此书系细腻、亲切的引导中，与自己的心灵约会，与家庭的问题和解，追寻人生的幸福与喜悦。

如果你是熟悉萨提亚家庭能量的读者，那么你一定很快就被这套书吸引，因为它在家庭理论之外，会带给你一场更加直接的幸福体验；如果你原本并不熟知萨提亚的家庭能量秘密，它也同样可以为你打开一扇通向宁静的内心之窗，让幸福之光照入你的心灵，永驻于生命之中。

文 / 于彬

序一

维吉尼亚·萨提亚（1916—1988）是真正“家庭治疗”的先驱。当她还是一名年轻教师时，就致力于帮助整个家庭而非单个学生解决问题。她拿到芝加哥大学社会工作专业的硕士学位后，更专注于整个家庭的工作。不同于当时心理治疗领域所流行的对“个体”的关注，萨提亚开创了“家庭治疗”的先河。二十世纪九十年代中期，一项重要的研究评价她为“本世纪最具影响力的治疗师”之第五位，与荣格和罗杰斯比肩。她也是西方世界享有最高荣誉的十位治疗师中唯一的女性。

如今，萨提亚的学识（即“萨提亚模式”）在中国广为流传。她的理论思想虽然看起来简单，却十分有效且内涵丰富。例如，萨提亚教导我们，我们都是同一宇宙生命空间中独一无二的存在，我们在同一时刻既是独特的又是无差别的；从本质上讲我们都是积极向上的能量体，并拥有管理自身生命发展的全部内在资源；我们都具有高自尊，能够对自己的人生负责，同时能够与自我以及我们生活的外部世界和谐共处。

和中国人一样，萨提亚认同“三代家庭”模式的重要性。在这样的家庭中，孩子可以通过父辈言传身教的爱、接纳与关照去学习和经历自身的内在成长，父母也因被激励成为孩子的榜样而具有高度的责任感与自尊。

像中医一样，萨提亚将其系统思维带入治疗方法之中，以帮助人们变得更健康、更快乐和更成功。家庭是我们成长和治愈伤痛的主要系统，亦是我们情绪问题的主要来源。

萨提亚是世界性的导师，实践着她的所言所行，且知识渊博。除了她的理论著作，她出版了这四本书以帮助那些想要更好地认识与管理自我、与他人建立联结的人。萨提亚坚信，人都是有价值的，并且能够照顾好自己。她有一套与人联结并鼓励他们照顾好自己的独特关怀方式。这四本书各自有着特殊的价值，能够帮到那些相信自己值得过得幸福的人们。所以，在中国文化背景下，这四本书所传达的信息对读者大有裨益。

例如，冥想时，萨提亚通过教导人们反思自己的内在进程、感受自己的生命能量来让自己获得内在的平静，并聚焦于新的、积极的可能性。《沉思冥想》中这些简短的言语冥想和激励可以帮助读者进行自我觉察，主导自己的内在世界。它们能帮助我们更好地准备自己、迎接未来，可以作为晨起的习惯帮助我们清理思绪、迎接工作。书中所见的绝大部分冥想方法，都是萨提亚在培训的开始和结束时会用到的。我建议读者在快速阅读完该书后，再从头品味一遍，每天早晨从中选出一到两种冥想方法，花几分钟时间去思味其中所传递的信息。

《尊重自己》中“我就是我”这首诗美妙地表达了对每个生命的独特性的赞美和欣赏，它意指所有关于你的一切，包括你的身体、你的思想、你的感受，你的成功与失败。即使你不了解自己的全部，也要爱自己。接受那些适合自己的，抛弃那些不再适合自己的。我希望你们能经常读读这首诗，逐渐内化它所蕴含的意义。对“我是谁”的认识越深入，我们就越能与自己和他人和谐相处。

《心的面貌》是将自己看成由不同部分组成的一个完整个体。其中包括我们喜欢的部分，我们不喜欢的部分，我们将之隐藏的部分，以及我们想要展示的部分。随着你对自己的认识越来越深入，你会发现，这些不同的部分之间会时有冲突。此时，不要在冲突中驻足，再深入挖掘每一部分，找出其中那些好的意图和积极的渴望。每一部分都是在表达你自己，或是邀请你让生命变得更有意义、更加均衡。仔细倾听。早期的信息并不总是很清晰，每一部分所传达的意义都可能成为有价值的问题。

在《与人联结》中，萨提亚强调了个体层面人际交往的必要性。人与人之间的联结应该是真诚的，是开放的，是健康的。她始终信仰直接、坦诚的人际关系。我发现，中国人在谈论商业议程以前，会通过各种社会交往方式先与陌生的对方取得联系、增进了解，这也是萨提亚非常认同的。与真实的自我相联结，与自我的深层渴望相联结，并对这一渴望做出回应，是她工作的深层目的。她一直致力于此。虽然身处多重关系和角色中，我们依然是独一无二的个体。与自我联结、与他人和谐共处，就是我们生命的一部分。

我很开心为大家推荐这四本书，这十年间，我在中国的多次教学经验让我相信，这四本书对于那些寻求更深入的自我了解、内在平静与和谐的人，以及寻求人际和谐的人，甚至我们所有人而言，都是十分及时的。

文 / 约翰·贝曼

2014 年 6 月

序二

自 1983 年跟随维吉尼亚 • 萨提亚大师学习至今，萨提亚模式已陪伴我三十余载。学习萨提亚之前，我的状态并不好。初入香港萨提亚课堂时，我还不是很清楚她到底在做什么，但我仍一步步地跟随她及其三个徒弟（John Banmen，Maria Gomori，Jane Gerber）学习，为了救自己，帮助自己成长。慢慢地，我得以释放自我，接纳自我，并重获了多彩的生活。

我致力于将萨提亚模式引入中国大陆发展，是因为萨提亚模式已成为我生命中不可或缺的自助助人的好伙伴，它不仅能够很温柔却很敏锐地直指问题的核心，更具备自我重塑与生命关系转化的神奇力量，进入萨提亚课堂的人，都能在这一力量中重新认识自我，迈向新的人生阶段。

萨提亚是个很聪明的人，她学习了很多心理治疗的方法，观察了几千个家庭的沟通方式，并发展出了一套自己的理论体系。她认为人的一生中有两个家庭，一个是我们从小长大的家庭，有爸爸妈妈和兄弟姐妹，叫原生家庭，另一个是我们长大以后结婚成立的新家庭。一个人与其原生家庭及其成长经历之间会有难以割断的联结，将影响其一生的发展。

每个人与生俱来就对父母和世界有强烈的渴望——渴望被爱，渴望沟通。但当我们的渴望未被满足，当我们被失望、悲伤、愤怒的情感困扰时，我们是否能对自己的内在有所觉察？当我们抱怨或者发泄时，我们是否能够意识到那源于内在的不满足？我们是否有对自己所有的情绪、行为、语言负起责任，从而获得和谐一致的生命品质？内在和谐，人际才会和睦，世界才会和平。改变永远是可能的。

萨提亚给人的改变不是谆谆教导，而是自生命深处流淌出来的关怀与肯定的能量。她希望每个人都能看到生命中的期待和感受，看到真正的自我，正如她在《尊重自己》中说的那句话：我就是我，天下之大，却没有一个人完全如我，我拥有我的幻想、我的梦想、我的希望和我的恐惧。

这套“萨提亚生命能量之书”，正是萨提亚体系的能量核心，区别于其理性分析的治疗手段，这套书更像一台让生命能量重新流动与传递的启动机，它让我们回归原始自我，找回最初的生命力量。希望它能帮助所有读者重新接纳自我，体味幸福。

文 / 蔡敏莉

2014 年 6 月

序三

和诸多热爱萨提亚治疗模式的人一样，一经接触，我就深深地被她的体系所蕴含的温暖和灵动力量吸引。虽学习萨提亚体系近十年，但此次受邀写序，我仍如初学时那般兴奋不已。

想要说清有萨提亚理念相伴的蜕变历程，不是一件容易的事。我还清楚地记得当初学习时的那份羞涩和“超理智”的经验。记得在第一次的萨提亚课堂上，治疗师用道具和角色扮演摆出来访者的创伤雕塑时，在场的每个人都被震撼了。治疗师那尖锐中充满悲悯的语言，深深地触动了我的心。我的喉咙发紧，眼睛开始潮湿，但我拼命地提醒自己，不能让眼泪掉下来。

尽管当时完全看不懂治疗师在做什么，我还是用尽脑力搜索记忆中储存的相关专业名词，试图用我顽强的理性堤坝去阻隔那即将喷发而出的感情洪流。之后，经历了一个漫长的混乱期，经过了数不清的眼泪冲刷，当笑容轻轻地在脸上绽放时，我不再纠结悲伤和喜悦哪个在智能上更深刻，哪个更高尚。

尽管我深知有许多业界前辈对一代宗师萨提亚的理论体系有着深刻的领悟和浓烈的爱，我还是乐于分享我在实践萨提亚模式中所获得的直接感悟。在治疗师和来访者的工作情境中，萨提亚强调咨询目标应以导向成长为优先考量，症状只是人们在应对成长压力时的惯性解决之道，从而打破了应该和不应该的局限，更是超越了好与坏、对与错的表面意义。她对天然力量的感应与敬仰，体现在她对“人类来自宇宙生命能量”信念的确认上。萨提亚治疗体系的任何一个理论和工具，无不沁润在这种精神之中，即将来访者的内在成长推向更加柔软、更加开放、回归自然本源的方向上。

读萨提亚的书，我能感受到她的精神中洋溢出来的温暖和肯定的力量。她独特的语言如春风化雨般，句句打开心扉，拓宽感知的触觉，精细而流畅。她宽广而又慈悲的心灵，是那样轻而易举地沁入我们心底的渴望，像是与一位等待多年的老友相逢般亲切、畅快。

此次由世界图书出版公司出版的这四本萨提亚女士的图书，将带你领略萨提亚作为天才的沟通大师的超凡直觉力，并会一步步指引你找到内心深藏的丰富资源，用来自你本质的声音唤醒你忆起“我是谁”，并将生动、完整的生命形象印刻在你的意识之中，进而创造出更加积极、坦诚、美好的生命体验。

文 / 郭晓洁

2014 年 6 月

自序：冒险探索内心的奇迹

我希望借由本书，引发你对以下问题的强烈好奇：“我是谁？”“我是什么样的人？”“我拥有什么？”“我是否还有机会？”我也想鼓励你去努力探寻改善现状的可能。本书是我的一纸请柬，邀请你一起体验这场非同寻常的人生历程，这场奇妙的经历将给予你新的契机与无限憧憬。我诚挚地邀请你，因为你是人类的一员——一个奇迹，一个犹如指纹般独一无二的奇迹。你可曾想过，今日世界有四十多亿人口，加上千百年来的人们，却没有两个人的指纹一模一样，每个人的指纹都是独一无二的，这是多么奇妙的事！我简直想象不出谁能设计出如此千变万化的图案！它向我们展示了一个毋庸置疑的事实：我们每个人都是独特的。

不过，世界各地的医生都能够成功地为病人做外科手术，无论这些病人的文化、种族、语言、国籍、年龄、职业、宗教信仰或政治派别有着怎样巨大的差异，这是因为人类的心脏、大脑和其他解剖学意义上的组织器官位置几乎一致。所有婴儿从孕育到出生的过程也几乎是一样的。所以从这个层面来说，人与人之间又没有太大的差异。

让我们再来感受一下人类身体的奇妙。在我们小小的身体里，竟然有着各种各样神奇的“装置”：电视、电话、照相机、收音机、电报机、电脑、排水系统、冷暖调节系统，以及制造血液、化学品、纤维组织、骨头、汗液等各式各样的“工厂”。这一切复杂又奇妙的功能组织，全都蕴藏于我们小小的肉体——你我的身体之中。

再看看我们的周围，充斥着各类不同肤色、不同穿着、不同语言，甚至饮食差异巨大的人们。他们也常做出一些令人惊愕的行为，有时是可怕的伤害、异常的残忍，有时是极度的慷慨和崇高的牺牲——付出生命也在所不惜。“人，包括我自己，最令我着迷。”人类本身就是自我丰盈、快乐、成长、挣扎和痛苦的源泉。我们共同拥有一切的情感，我喜欢称之为“我们的精髓”。我们的感觉包括愤怒、喜悦、恐惧、好奇、爱、兴奋、孤独和软弱。虽然引起这些感觉的关键可能因人而异，但我们拥有这些情感的能力是相同的。

你是世界上独一无二的你。你有自己的身高、肤色、身材、性别、年龄、背景、经历、思想、感觉和人际交往的原则，但同时，每个人相对他人而言又是“相同”和“独特”的结合体。我们容易和相似的人产生认同，例如女人和女人、男人和男人、艺术家和艺术家之间就常常产生惺惺相惜的感觉。我们习惯于与熟悉的人事物亲近，并排斥那些陌生者。

我愿意向这一人类古老的旧习挑战。因为无法体认到自身的独特性，我们已经错过了人生许多丰富的内容，如再不改变，这错误就会持续下去。无论我们以为彼此有多相像，彼此之间仍然存有差异，同样地，无论我们以为彼此之间的差异有多大，彼此的相似之处依旧无法抹杀。许多人相信，人与人之间的相似性是互相信任和获得安全感的基础，差异则会招致困扰。当然人人都希望没有烦恼，但如果你也这样想，你就会试图避免它，从而忽略了其他的可能，并因此遭受损失。

我的看法是："相同"的确令人感觉舒适，但若只有"相同"存在，这个世界就太无趣了！"差异"即使被认为是困扰之源，但我们内心许多被尘封的东西仍依赖它的激发才能被发现。差异同时能带来许多新鲜有趣、别具情致的体验。

请允许自己重新认识和思考组成"我"的各个部分。它们虽然看似被熟知却从未真正获得重视和发展，有的你甚至从未感觉过它的存在。请将它们视为你资产的一部分，无论它们与他人的是否一致，或者你觉得它是好是坏。你所拥有的一切都意味着新的可能。本书就是对这些部分所做的探讨，我试图寻找出可行的方法以促使各个部分为我们所用，并带来改变的契机。我称这些不同的“部分”为“你的许多面貌”

或“心的面貌”。

目　录

掀起你的遮羞布

我们都在古老的训诫下成长，认为这个世界分成好与坏、是与非两大范畴。如果我们敢于掀起自己的遮羞布，很可能会对里面所藏的东西大吃一惊，那可能是过错，甚至见不得人的东西。对许多人来说，这就是真相。

很多人认为，如果突然揭开自己多年深藏的一切，可能会立刻窒息而死，或者被释放出来的大量乱糟糟的东西扯得四分五裂，那堆乱糟糟的东西就是“我应该做却没做到的事”。另一些人认为，掀起遮羞布后的自己，身上会充斥着黑洞，随时可能把自己引入无底的深渊，无法重见天日。还有的人说："如果发现自己的内在藏有前所未知的才华，却又不知如何培养、发展它，岂不是会更加抑郁？"有的人不肯认识自己的内在，仅仅因为"不知道的事物就不会伤害我"，或者他们对眼前的一切很满意，不想去做任何改变。

还有一些人不肯掀起自己的遮羞布，是因为他们压根儿就不知道有这样一块遮羞布存在，或者除了自己肉眼所见和别人教导他的种种什么也不相信。也许你觉得这是无稽之谈，但真相确实如此。人们对内在自我的恐惧和渴望，如同对待潘多拉的盒子一般，唯恐一旦开启，会无法控制甚至遭遇毁灭。

我们是否想过，事情可能没有那么悲观，或许还有其他的可能？就像未发的芽苞，原本被压抑着，如今却可以悄然生长，带来新生命的希望。只要我们抛开悲观的想法，立志冒险一探究竟，就会有奇妙的发现。

首先，让我们观赏一下自己"内心的舞台剧"。在第一幕中，我们可以观察并认识自己的各个"部分"，专心地看它们的言行举止；在第二幕中，我们将学习如何处理和运用各个部分，即各种“面貌”，以寻求新的可能。然后，我们去观察一下历史上、政治上、娱乐界、运动界的一些知名人物的面貌，比较他们的差异，并寄希望于从中学到什么。再然后，我们去游乐场，坐上旋转木马，换一个角度去看看自己的许多面貌。最后，我们去艺术馆中，仔细观察每一件艺术品是如何美妙地平衡的，这或许可以让我们对动作的自由与平衡有所领悟。综合以上经验，我们将最终发现自己内在各种新的可能。

内心的舞台剧

第一幕：掀起你的遮羞布

运用你的想象力，让我们一同去一个非常隐秘的地方，在内心深处“那是我们真正生活的地方”，但我们几乎没有人愿意将其中的境遇透露出来，那就是我们“内心的舞台”，每天二十四小时不间断地上演着一幕又一幕的戏剧。除非身临其境，否则我们永远不知道那里究竟正在上演怎样的故事。是悲剧、喜剧、纪录片、伦理剧，还是浪漫的爱情故事？它也许是你自编自导自演的一个“孤儿安妮”的故事呢。

让我们一同走进你内心的舞台吧！

在我们刚进入剧场时，有人递过来一份今晚的节目单：

内心的舞台

今晚大胆推出

心的面貌

普通级

第一幕 掀起你的遮羞布

中场休息

第二幕 谁是主人？

演出者：你的许多面貌
无论男女老少·人人欢迎

入场费：你的注意力，以及思考新的可能的诚意

演员表

（依出场顺序排列）

外在的声音——社会中的“他们”

愤怒

理智

爱

愚蠢

权力和操控

无助

希望

嫉妒

幽默

性

相关人员

人数众多，不一一呈现。

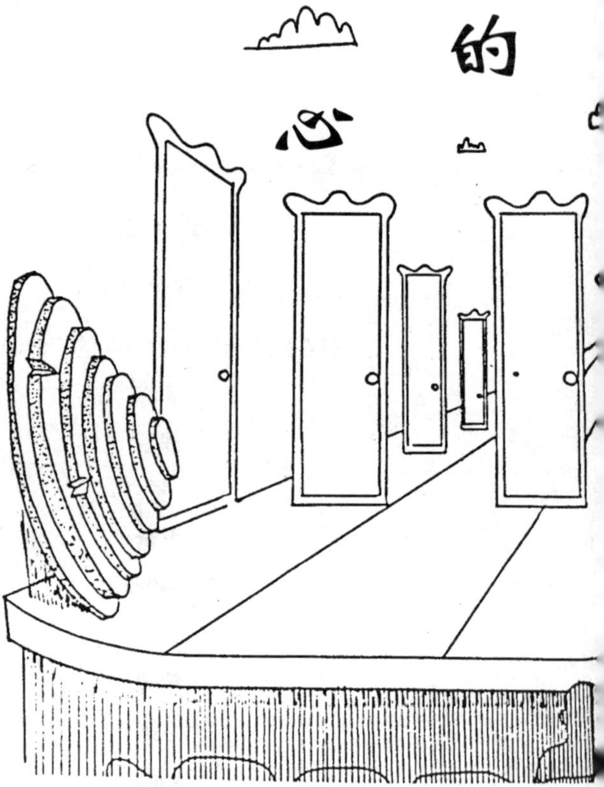

这是一座规模很大的圆形剧场。半圆形的屋顶，布满各色舞台大灯。当我进场时，灯光掩映，只能模糊觉察出舞台

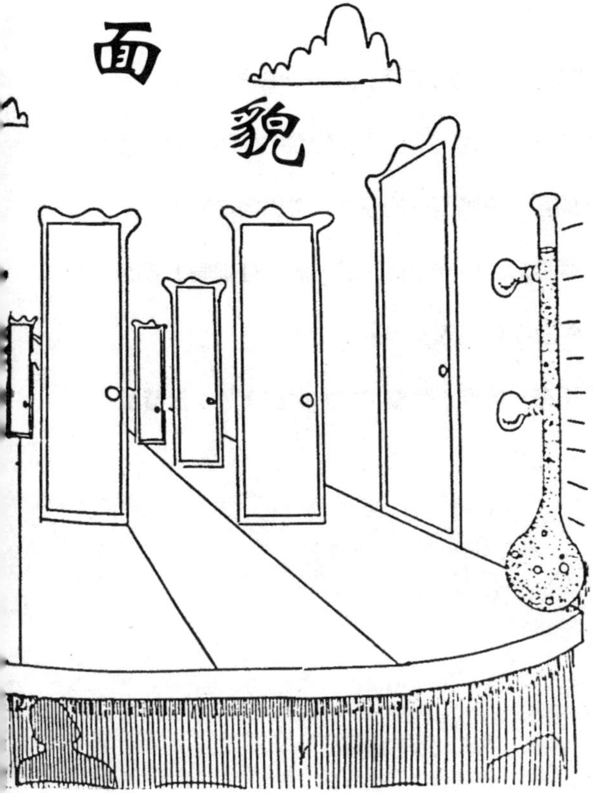

的轮廓。而后灯光慢慢转亮，舞台后部出现了一扇一扇的门，

门上没有标识，整个剧场内很安静，但另一些东西引起了我

的好奇。

舞台的右侧有一个很大的东西，像一个电子示分板，上面附有一支巨大的“温度计”，用粗黑的数字标明零到一百的刻度。温度计的管中充满蓝色的液体，发出幽冷的光芒。它的一侧又伸出两盏灯，中间位置的是一盏红灯，偏上部的灯则是金色的，两盏灯都不亮。

金色的灯下面有一行字，写着“能力供应者”，接着是一排小字：

希望

帮助

力量

新的可能

改变

选择

红灯下面也有一行字：“能力消耗者”，接着也是一排小字：

无望

无助

无力

没有可能

没有改变

没有选择

金色的灯和“能力供应者”之间必然有着某种关联，红灯和“能力消耗者”之间亦如此。在它们的上方还有一排更粗更黑的大字：

“能力，你生命的根基。”

我想：这支温度计所标示的应该是人类的情绪。因为情绪既能供给人以力量，又具备消耗人体能量的破坏力，金色的灯和红灯则代表这两种相反的情绪力量。这颇具深意：它是否意味着面对相同的境遇我们可以有不同的情绪反应？如果我们能觉察自己的感受，是否人生就会发生一些改变？或者表示，我们并非会真正陷入眼前的困境中而无法自拔？这真是一个让人充满希望、倍受鼓舞的念头！

在舞台的另一侧，有一个跟温度计同样巨大的东西，像一个大轮盘，上面写着“宇宙资源轮”，有八层不同色彩的轮环。这个轮盘不但置身黑暗中，还满布尘埃与蛛网，像闲置多年的弃物。但是，不知为何，我却能清楚地意识到它就是通向“希望”的一把钥匙。

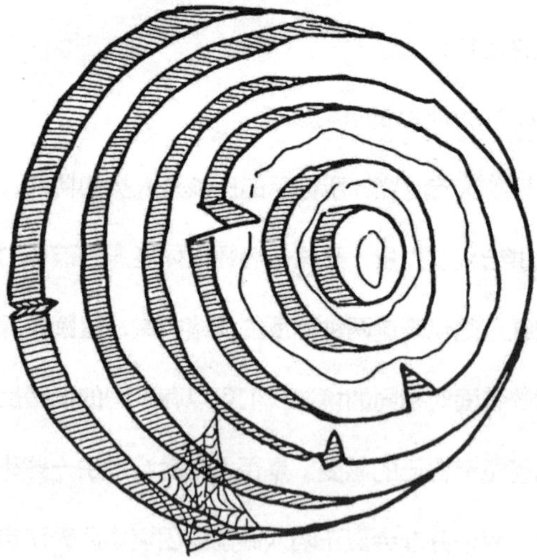

当我瞥见轮盘右方的字时，我的胃立刻抽搐起来，缩成硬邦邦的一团。这些密密麻麻的字不但没有被尘埃遮盖，反而赫然闪耀着，仿佛是人见人爱的宝物。它上面写着：

做一个好人的规条

我永远应该是：

对的

整洁的

坦诚的

稳重的

善良的

顺从的

健康的

不计代价的（无论在什么情况下）

因为

每一个人都比我重要

并且

我算老几？

竟然敢为自己争取什么！

在我的人生中，曾经无论置身何处，都时刻困在这些规条中无法自拔。我知道，它是一份普世的“应该清单”。多年来我一直竭尽全力地去实践它，但最多不过有一次成功而已。更多的时候，我是在不停地怨恨自己的无能。

想到这儿，我突然灵光一现。对我们来说最重要的事，不是应该让自己去放眼观察，寻出其他的洞见吗？于是我举目四望，果然发现在大温度计的右边也竖着一块牌子，上面有几个亮闪闪的字：

我——自己——我自己

下面还有一行清晰的小字：

我——自己——我自己

我可以是

完整的

快乐的

有爱心的

健康的

聪明的

性感的

富有创造力的

幽默的

满足的

以上都是可能的

唯有最下角“以上都是可能的”字迹很小，只有费尽全力才能看清楚。

以往无数次失败的经验让我几乎无法相信自己可以成为它所描述的样子。跟大多数人一样，我总以为只有那些高学历的、富有的、好运的或是幸得美满双亲的人才能达到，而我是绝对没有希望的。一想到这儿，我的胃又开始抽搐起来。正在此时，整个舞台的灯光忽然亮起来，我仰头看到斗大的“心的面貌”四个字赫然出现在弧形屋顶上，再度提醒我们今晚精彩演出的主题。

猛然间，我听到了音乐声。我这才意识到自从走入这里，其实是一直有音乐为伴的，它或高或低，或快或慢，或轻柔或壮阔，或优美或刺耳。这音乐简直就像“人生”这出戏剧，有挣扎、痛苦的一幕，也有恬静、快乐的一章。

音乐慢慢地转弱，消失了。舞台上的各扇门被灯光打亮，门上的字跳入眼帘：愤怒、理智、爱、愚蠢、权力和操控、无助、嫉妒、性。舞台后突然冒出一个强硬、充满威胁性的声音：

“你为什么总是把事情搞得一团糟！”

大幕拉开。

一个叫“愤怒”的人出场，他穿着一件铁皮做的外衣，上面满是突出的尖刺。他一边粗暴地挥舞着双手，一边指向刚才声音出现的方向大声咆哮：“你算老几！你怎么敢用这种语气跟我说话！”“愤怒”涨红了脖子，面目狰狞。

我被吓呆了。

这时，从“理智”之门里走出一个气定神闲、头部奇大的人。他好像对刚刚发生的事很感兴趣，信心十足地说道：“好了，好了，让我们理智地分析一下，这到底是怎么回事。”

“愤怒”猛然转身，怒目直视“理智”。

我想，恐怕很快就有打斗场面了吧。

“愤怒”挥舞着握紧的拳头，轻蔑地说：“说、说，你只会说！理智？呸！”

这时舞台右侧那座巨大温度计上的红灯亮起了，管内的蓝色液体焦躁地浮动着，好像被追逐似的忽上忽下。

“爱”一推门走了出来，一袭飘逸的裙子，楚楚动人。她用夸张的语气宣告：“爱能解决一切！”然后很快地将“愤怒”拥进怀里。“愤怒”先是被吓了一跳，继而觉得羞愧，狠狠地拧了“爱”一把。

瞬间，人头攒动，场面混乱起来。“爱”高声尖叫着退避到角落。她带着委屈的表情，低声啜泣。

“爱”的行为虽然招致无礼的反抗，但“愤怒” 左边的一半尖刺却因她的拥抱而纷纷掉落。怒火中烧的“愤怒”根本不知道自己的武装已经掉落大半，仍然大声指控道：“懦

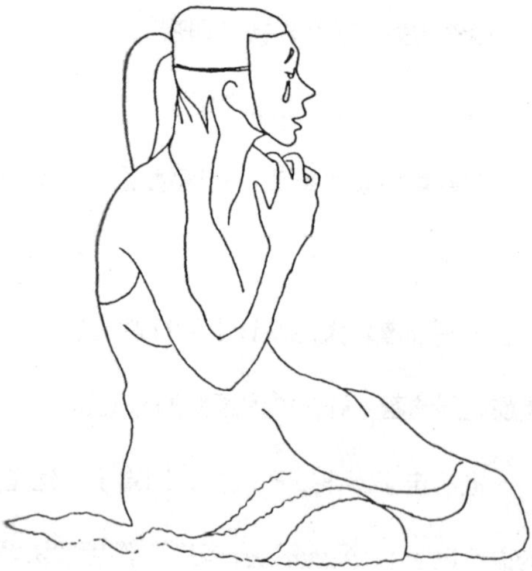

弱的人才需要爱！弱者才会选择哭泣！”

“理智”变得紧张，他显然想努力说一些颇富哲理的话以平息众怒，但他的希望落空了。

此时，“愚蠢”慢吞吞地从门后踱了出来。他的长相真是无法恭维：一身破烂的衣服貌似还缩了水，嘴角流着口水，喉咙也发出“咕噜咕噜”奇怪的声音，真是一副可怜相！我不知道他究竟是装疯卖傻呢，还是本来就这副悲惨的德行。

“愤怒”一看到邋遢的“愚蠢”，简直无法忍受，他身上剩余的尖刺全都在无声无息中掉落。已解除武装的“愤怒”此时变得相当脆弱了，只可惜他自己尚未察觉。

“愚蠢”的出现令舞台上的混乱暂时平定下来。现在控制场面的人竟是其貌不扬的“愚蠢”！

“愤怒”的身体慢慢蜷曲起来，嘴里发出和“愚蠢”类似的无法辨识的呓语。“爱”仍然躲在角落哭泣，“理智”则呆若木鸡地站立一旁。这一群人是多么怪异啊！

温度计上红灯的光已经刺眼，蓝色液体度数落在“无助”

和“无望”之间。场面陷入了焦灼、令人窒息的状态。

我在心底呐喊：“趁着还来得及，赶紧来个人解决一下吧！”

就在这紧要关头，两位仪表堂堂的人物出场了。一位是“权力”，一位是“操控”。他们共用一扇门，平常也是密不可分的。

“权力”目光敏锐，一副自信满满的神情。他的身材清瘦，浑身是按钮，简直像个机器人。按钮上依稀写着字，但距离太远看不清楚，但无非是“一切无法解决的问题请按此键”之类的。

“操控”则是个矮小滑稽的人，两只手臂一只在前一只在后，似乎摆好了姿势准备随机应变。他的头像猫头鹰，可以做三百六十度旋转，更是一副八面玲珑的模样。毫无疑问，“操控”是个无所不能的精明人物，任何难题都不在话下。

“权力”冷漠地开口：“‘愤怒’破坏力太强，应该把他除掉。”

“操控”的脸上立刻展露出微笑，如一位老朋友似的接近“愤怒”。“愤怒”一时不察，随即落入“权力”和“操控”的掌控之下。在两人用力的撕扯下，“愤怒”很快被扯得四分五裂。不管这种暴烈的行为是对是错，总算是有人挺身而出试图解决问题了。

“爱”还在悲声哭泣，并苦苦哀求道：“不要打人，不要伤人啊！”

在如此紧张的时刻，我清楚地感到了恐惧所带来的压力，不知道接着会发生什么事。

突然，不知道从何方传来一声雷霆怒吼：“立刻都给我住手！看看你们的举止，像个有教养的人吗？你们的想法和做法简直愚不可及！停止！马上给我安静！”

整个舞台立刻沉寂下来。

我瞥见温度计内的液体瞬间滑落。霎时，台上的人都闪避到一扇扇门后，门上的字也突然变成：排斥、忽视、拒绝、麻木、无能、惩罚和遗弃。一股无力、无望和无助的感觉悄然涌至。表面上，态势已暂时得到控制，但每个人都知道，内心的挣扎仍然如蠢蠢欲动的火山，随时都有再度爆发的可能。

有多少次我亲身经历过类似的情况——拼命克制自己的情绪去讨好外面的世界。想到此，我不禁痛苦难当。

昏暗中，台上一波又一波地传来各种声潮。原来是从各扇门后发出的悲泣、哀怨、叹息、苦笑和其他许多骚动的声音。

终于，那声音再度开口了，语气中带着懊丧，不复原来的威风：“好啦，要是你们真的这么难过，我们就再想别的办法好了。可是，假如你们能够成熟一些，这种事就根本不会发生。”

满面泪痕的“无助”怯怯地自门后现身，哀求众人不要再彼此争吵、打斗，他愿意规规矩矩地做一个好人。

我一时忍不住强烈的冲动，几乎张口大叫：“都闭嘴！我实在受不了了！为什么我一定得随时随地装出一副快乐的表情，而且无论发生什么事都要对他人温和、退让呢！”

“无助”的行为像在哀求保留一份生存的权利。正昂首阔步走回台上的“权力”显然已注意到“无助”的颓丧。“权力”既不友善也不吃惊，看起来冷静而客观。“无助”一看见“权力”，立刻显得更加慌乱和懦弱。他内心虽然明白自己迫切需要“权力”的帮助——因为对无可救药的他而言“权力”就意味着一线生机——但是，“无助”仍旧蜷曲在一个角落里，无法动弹。

“权力”呆了一下，稍微有点心慌意乱。他从来不想去伤害任何人，刚才只是想让“无助”明白：没有必要一辈子哭哭啼啼，虚掷人生啊！

这一次，“权力”手里多了个“修护箱”，上面写道：“奇迹的保养与修护”。“权力”进一步向“无助”解释说：“要是你肯勇敢地走出来见我，你就会学到如何解除自己的无助感。但第一步是，你得先学习不怕我——你的‘权力’。”

我突然感到难过。

这时温度计的标示上升到“希望”，金色的灯初次亮起。

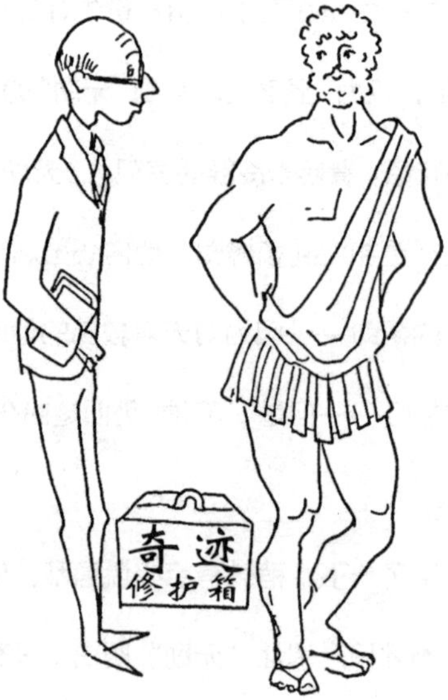

“爱”藏在门后向外窥视，看样子很想出来再试一次。经过上次的教训，她的行为谨慎多了。她慢慢地走近“权力”，中间还停顿下来，观察了下“权力”的反应。“权力”也变得温柔了，他抓住了“爱”伸出的手。“无助”看到这一幕，也做出了表达他需要的尝试。在“爱”的鼓励和“权力”的赞许下，“无助”转身面对“勇气”。（此时温度计的标示已经上升到“改变”和“新的可能”之间，金色的灯发着耀眼的光。）此刻，台上一片宁静与祥和，内在的难题似乎已得到圆满解决。

骚动骤起，“操控”出现了。他的四肢和头像轮子一样飞快地转动着。他的声音刺耳如死亡之神：“你可知好景不长吗？在这个世界上，你必须要坚强、要狠，才能生存下去。咽下内心的苦水，别再自怨自艾了。外面的世界没那么美好，还想期望什么，你就踏踏实实按照一般人的规矩行事吧，这样才最稳妥！”

“爱”“权力”“勇气”听到这话，颓然低下头。在外面世界的残酷面前，或许我们早已习惯了如“操控”所言的三思而行的做法。

面对僵局，“爱”能否做些什么？已投向“勇气”的“无助”，又是否能振作起来？

“权力”没有行动，他似乎在苦苦思索。在人们心中，“爱”是软弱的，“无助”此时就更不能让人指望了，“勇气”是最容易飞逝的，“权力”则颇具危险性。若果真如此，最佳的解决方法就是与“外面的世界”妥协。千千万万的人都这样做了，我们何不呢？虽然妥协并不能达成我们的心愿，甚至可能伴随许多头痛、胃痛的体验，但人生本不就是灰暗、严酷的么！

刚刚洋溢的希望，此刻仿佛要逝去。我感到一股认命的悲凉涌上心头，全场弥漫着死寂的气氛。舞台上开始下起雨，温度计的标示立刻降至“无助”，又停在“无力”之上。红灯亮起。决定性的一幕逐渐逼近。

猛然，一道闪电击中“理智”之门，电光过后，“理智”平和地迈向台前。他的头小了许多，与身体的比例回复正常。“理智”用柔和的声音说道：“不错，别人的要求很重要，但自己的需要也应被重视，两者兼顾。而最关键的是，我们每一个人必须体认到‘自我’的存在，认识到自己是不完整但有价值的人，之后我们才能在‘他人’和‘自我’之间找出平衡点。”

这真是开创性的想法！“理智”的再次出现多么让人振奋啊！此时，“权力”恢复了精神，他记起“修护箱”里还有很多其他可能的工具。他精神焕发，愉快地宣布：“我要冒一次险！我想无论如何，全力去尝试总是值得的。”

勇气殆尽的“无助”一想到外面世界的各样难题，以及为了不触怒别人的如履薄冰的状态，便开始向“权力”哀求：“千万不要鲁莽行事，弄巧成拙！不要让我们受到伤害！再忍耐一下，事情可能就过去了。”我想，曾经有多少次我正如“无助”那样，胆小怯懦、苦不堪言又动弹不得啊！

这一回“爱”对“无助”的哀求似乎无动于衷，她伸出手握住“理智”和“权力”。三人并肩而立，互相扶持。“爱”对“无助”说：“你还是让我们三个试一试吧。”“无助”虽然不了解，但因“爱”的温柔，他觉得舒坦多了，并且似乎感觉到点点希望之光。这时，温度计又标示到“改变”处，金色的灯也重新发亮。

“操控”目睹了“爱”“权力”和“理智”的联手后，

立刻见风使舵地毛遂自荐，要当三人的经理人。他还像模像样地询问各当事人的心中所愿，而非武断地替他们做决定。

此时温度计的标示已升高到了九十度，金色的灯也发出耀眼的光彩。现场弥漫着平和、喜悦的气氛，充满活力与信任。这真是美妙的感觉！

正当我沉醉在这感觉中，突然被一阵喧嚷惊醒。

“嫉妒”满腔怒火地嚷道：“你竟敢这样沉醉！有多少人正在痛苦煎熬，你竟敢如此沉醉在自己美妙的幻想中！”我觉得胸口被狠狠地刺了一刀！

“无助”又开始大哭起来：“我早就知道好景不长！我们都要遭殃了。”“无助”立刻变成了“悲观”。“愤怒”轻蔑地对“嫉妒”说：“痛苦与煎熬本是平常的东西，又何必大惊小怪。”

“愤怒”带着权威的表情继续说道：“你是不是觉得自己与众不同？只有小孩才相信神话故事？”

“愤怒”瞬间变成“责备”继续说道：“你就想让所有

人都嫉妒你，以为你高人一等，是不是？真不知羞耻！”

金色灯光瞬间熄灭。一道北风忽然而至，全场再次归于冰冷状态。温度计标示陡降至“无望”——“绝望”的近亲，“能力消耗者”之一。

一个古灵精怪的人飘然而出，举止怪异，他是“幽默”。

“大家不要这么严肃嘛！干吗这么一本正经的呢！”

“幽默”一跃，来了个倒挂金钩挂在了屋顶上，然后放声大笑：“这都是你们自己骗自己呢，没有任何人对任何事拥有过真正的感觉。世上的一切不过是空罢了！”

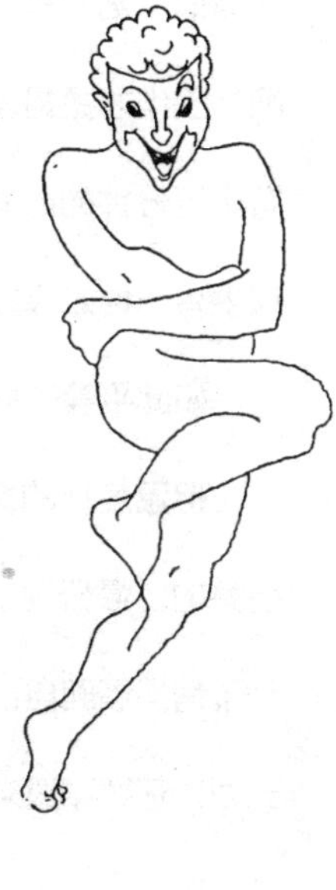

“幽默”的努力使事情变得更糟了。看来“幽默”也不全然是有趣的。全场状况狼狈不堪，温度计标示僵在零度。

过了一会儿，“性”不知道从何方一跃而出，让人着实一惊——“性”怎么可以在这个节骨眼儿上跳出来呢？他以为这是他的职责？他在这时候出现是多么不合时宜啊！但是我又不得不承认，“性”的确常被人们用来改变这类僵局。

空气中又开始弥漫起自暴自弃的味道。“羞耻”坐在门槛儿上，“无助”继续他的哭泣，“权力”吃饭去了，“爱”也退回她的房间内。现在“罪恶感”在台上控制全局了。一切活动都停止了，温度计的标示也静止了。

突然，场外传来一阵震耳欲聋的话音，语气乏味而呆板：“你们立刻回去工作，马上！忘记刚才的那一幕幕胡言乱语吧，工作才是最重要的！”大家立刻乖乖地开始工作。至少有十五分钟的时间，每个人都在努力工作，默不作声。大家似乎有一种如释重负的感觉。

如此平静的样子，是否代表问题已获得真正的解决？

但温度计的标示依然静止，金色的和红色的灯没有一盏是亮的。慢慢地，乏味与无力感再度弥漫全场。台上的人一个个悄悄溜回自己的门内。门上依然写着：排斥、忽视、拒绝、无力、惩罚和遗弃。

我醒悟到，若真没有什么好与坏，一种平静的绝望就会应运而生，生命便日复一日地继续下去。这样的人们虽然避免了外在的冲突，内心却离渴望越来越远。更可悲的是，经过这么久的折腾，他们已经再没有力气去扭转任何逆境了。

中场休息

第一幕结束了，趁着中场休息的这段时间我们来回顾一下这一幕。这一幕大体上是混乱不安的，有时愁云弥漫，有时充满希望。我虽然并不完全理解它的意义，但我肯定从头至尾都投入其中。这里有一点是毋庸置疑的：我们是永远运动着的，不断地对内在和外在的世界反应。

一定有人不同意我的看法，他们可能固执，抑或容易和自己或他人过不去。这些人本性善良，只是会选择性忽略不如意的事情，他们从来不过分要求，经常隐忍度日，不愿意去欺骗别人，也没有擅长的技艺，只想平凡地过一生。这种人生哲学无可厚非。可是，我多年的亲身体验告诉我，抱持这种退避观念的人，其实很容易陷在乏味的生活中，也少有愉快的体验。真实的情况是，我们都居住在“情绪樊笼”中而不自知。

冲出情绪樊笼

大多数人都被情绪樊笼牢牢束缚，只因我们对自己要求苛刻，过于求好，用一大堆“应该”把自己逼得无法喘息，而那些“应该”又总是和我们的心愿及能力相冲突。（还记得前面提到的那份世界性的“应该清单”吗？）而结果永远是挫败感，以及根本不必要的失望。

正如我们无法控制天气，对外在世界很多事物的控制也往往超出我们的能力范围。但是，我们可以学习去适应那些自己能力之外的情况。面对同样的情况，每个人的反应是不同的。所以，事情本身并不能决定一个人的反应方式，起决定性作用的是我们对各种情况的接纳，以及将这一新经验纳入生命之中的程度。

我们内在总有不断的争斗，总希望自己能赢得“他们”的认同。而“他们”又是谁呢？他们可以是任何人：母亲、父亲、老板、亲友，以及那些你期望能认同你所作所为的人。（即第一幕中那个神龙见首不见尾的“声音”。）难以想象，如果世界上所有的发明家和冒险者都在大胆踏出他们的第一步前等待他人的认同或赞许，那人类的历史将会变成怎样？

不过，人们往往不自知。缺乏新知、想象力和注意力的结果就是，人们已经不知不觉地为自己筑起了四面高墙，隔断了一切新的可能。幸运的是，这高墙看似坚固，却依然禁不起我们的思考。虽然我们心中的高墙与外在世界真实的高墙不同，但面对这两堵高墙的态度却有着极其微妙的联系。若一个人的内在郁结，他就无法有效地适应外在世界。限制我们内心发展的，正是被我们视为具有威胁性、压迫性的事物。

我们内心的另一个樊笼的看守者是“恐惧”，它无时无刻不在监视我们，让我们维持现状，不允许有一丝蠢蠢欲动的念头。的确，当我们恐惧时，多半是无法采取任何行动的。然而，这些虎视眈眈的看守者，却是由我们自己幻想出来的。其中的大部分，源自过去经验中某些权威人物的恐吓，而我们后来从未再对其进行合理的评估，听任其延续至今。

另一位隐秘的“看守者”是我们的“忧虑”，我们总是对自己是否为人所爱、被人看重而焦虑。在樊笼的重重束缚下，我们自然无法做任何新的尝试或改变。而冲出情绪樊笼的第一步，始于一个新的念头：“一定有什么别的办法！我要冒险一探究竟。”这个小小的念头不仅能带来希望，还能最终创造出新的机会和新的可能。

36

我们每个人都想挣脱自己的情绪樊笼，但这个过程实在太令人难过了。我们用过一些方法：恳求、威胁、取悦于他人，或干脆坐等“贵人”来替我们解决问题。如果那些束缚我们、压迫我们的因素源于外在，那么上面的方法或许会奏效——它确实偶尔产生过暂时的效果。但真实的情况是，上述方法几乎无效，并会引发汹涌的无助、愤怒与罪恶感的浪潮，将我们无情地淹没。

那我们是否能够换一个方式？即先承认并接受自己的压力源于内心，然后做出大胆的尝试，研究自己的思想、感觉、身体和灵魂如何能够整合一致。一般人可能觉得对事物刨根问底会显得荒唐，但事实的真相是怎样的，又有几个人愿意去严肃地探讨？我们在探索内在世界时，千万要小心落入这种观念的陷阱中。

一旦愿意抛弃那些不合时宜的老观念，我们就会发现自己进入了一个从未知晓的崭新天地，在那里，没有限制人的一定之规。你的道路只能靠自己一步一步走出来，这是一个探险的旅程。有的人在旷野各处留下足迹，我们也一样有各种尝试的可能。有的地方看起来似乎充满希望，亲历后才能体会到大失所望。但即便如此，你仍可以再换一个方向。情况也可能恰恰相反，那地方或许比你想象得更美好、更富创意！这就是探险的乐趣。既然名为探险，自然没有一条事先规划好的路途。也只有当你亲身经历过，才能真正懂得你的人生历程和所见风浪的意义。

许多人未能在外在世界获得成功，源于他们将太多的精力浪费于内心的问题上。内在世界和外在世界之间有着密不可分的联系，互为因果。我们小的时候，大多被教导要听话，顺从成了我们唯一了解的事。长大后我们才发现，原来生活并非只有这一种方式。如果我们依旧一味沿袭儿时的行为模式，就会视痛苦为必然，只能将之压抑或隐藏。我们的情绪樊笼就是如此一点一滴铸就的。

向故知和旧习宣战，是非常困难的一步，因为这等于将我们自己推向未知的世界，结果茫然未定，这会带来巨大的恐惧，自然令人裹足不前。但无论如何，只要我们大胆迈出第一步，努力成为自我的探索者，就能够冲出情绪樊笼，不断成长。如此，我们的精力就会专注于探求新的可能，而不再虚掷光阴去忍受人生。但可悲的是，大多数人对自己长年身受樊笼之苦却不自知。他们只是略有察觉自己好像不快乐，有时还会沮丧，但他们永远在等待奇迹的出现，即一切事物会自动幡然改变。当然，这种希望一定会落空。由于根本做不到“应该清单”上的种种（无知地照单全收，以此作为好人的标准），他们于是判决自己终生受苦。但事实是：没有任何人能完全做到！只可惜大多数人都不了解真相，于是自筑樊笼，宿命一生。享受自由新生活的唯一方法，就是全力冲出自己的樊笼。

“心的面貌”，就是将我们在内心樊笼里的形形色色戏剧化地呈现出来。第二幕即将上演，这一幕的主题是：“谁是主人？”

第二幕：谁是主人？

再次走入剧场，全场灯火辉煌，一切都一目了然。舞台中央站着一位风姿绰约的人，一袭白袍，辨不出男女。他的腰间系着一条蓝色腰带，上面绣有金光闪闪的“奇迹”二字，额间系着一条发带，上面写着：“主人”。

这个人两腿微分，稳稳地站在那里，双手伸向天穹。他的身体可以转动，周围的事物仿佛都在他的掌控之中。他的脸上有着岁月的痕迹，神秘又有趣。我觉得他器宇轩昂，面对人生一切挫折也必能运用智慧加以整理、分析、总结，并发现其意义。在他眼中，外在世界虽然有不可抹杀的重要性，但其对内在世界的自由、完整的追寻，一定更为强烈。

舞台上多扇门上的字依旧未变：排斥、忽视、拒绝、无力、惩罚和遗弃。门后依旧传来刺耳的嘈杂，令人心烦意乱。当主人注意到门上的标示时，出现了兴奋的神情并伴有一丝紧张。他对自己说：“我要看看门后究竟是什么。”

但他迟疑了一会儿，才又鼓足勇气迈出脚步，准备去迎接未知的事物。他首先走向“惩罚”之门。开门之前，他又迟疑了一会儿，似乎在问自己：“我真的希望看到门后的情形吗？”

他带着下定决心似的口吻自言自语道：“我很害怕，但必须一探究竟，否则我永远也不知道里面的情形。”然后，他打开了门。他是主人，拥有唯一的钥匙。

门后是一张丑陋的面孔，那是我们的“老朋友”——“愤怒”。主人立刻说道：“请等一下。”然后转身走向“爱”之门。原来，主人从“愤怒”的脸上读出他真正的感受是缺乏关爱，因此决定为“愤怒”去寻找一些“爱”。“愤怒”隔壁的“无助”仍在不断地悲叹，悲声自门后传出，清晰可闻。主人在走向“爱”之门时，突然想起“理智”或许可以带来帮助，于是他敲开“理智”之门，邀请他加入。随即他又陷入沉思。他想，“爱”可以抚慰“愤怒”，而“理智”能够谅解一切的发生，但若缺少“权力”，“爱”与“理智”并不能真正发挥效力。虽然主人也明白，“权力”加入后的可能性非常多，很可能使得结果与期望背道而驰，但他有信心控制这一切。

“权力”被从门后解放出来，他和“爱”“理智”手牵着手，走向不断咆哮的“愤怒”。但他们三个吃惊地发现，“无助”竟然有一半身子蜷缩在“愤怒”的床下，他显然害怕“愤怒”殴打他。“愤怒”则一只脚踩在“无助”的身上，表情更像在惩罚自己的内心。于是，一个新的难题出现了。

主人挺身而出，大声宣告：“好了，你们是我的许多面貌，你们都是属于我的。我有权力管理你们，我的爱、我的理智、我的权力；我也拥有你们，我的无助与愤怒。好了，我的愤怒，我终于明白你一直想要告诉我的是什么了。因为我忽略了一些事情，这让你觉得非常恐慌，是不是？我竟然故意忽视你这么久，我为什么要这么做呢？”

出乎意料的事发生了。“愤怒”一下子撤下了踩在“无助”身上的那只脚，“无助”也看起来不再那么惊慌失措了。“愤怒”突然哭泣起来：“我一直被你忽视，你从来不关心我。前段时间你明明为了女儿的事气得七窍生烟，却装作无所谓的样子。我让你头痛，你却吃了一片阿司匹林，完全不理会我。”

主人脸上顿时出现幡然悔悟的神情。他承认：“的确如此，我当时没有勇气告诉女儿我的真实感受，我怕她转身而去，那样我将面对另一个棘手的难题，但事实上，我的确怒不可

遏，只能忍下来。难为你了，我实在不该故意忽视你。我现在才明白，如果我告诉女儿当时的真实感受，情况也不会更糟。我只是担心会伤害她，但她应该知道她的问题。其实逃避只能浪费彼此的精力，一味的隐忍也剥夺了对方了解真相的机会。"

"愤怒"听到这里，神情舒展。"权力"上前搂住了他的肩膀。现在，漫天的怒气都烟消云散了。原来，当愤怒被压抑，伤害就会出现。此时若不能正视愤怒之存在，并且承认它、接受它，仅要求"爱"去抚慰他，那么只是缘木求鱼罢了。（面对愤怒是迈向新开始的第一步。）

在主人和"愤怒"对话之时，温度计的指示一直忽上忽下，红灯闪亮。当两人彼此谅解之后，温度计的指示忽然上升到100度，金色的灯发出耀眼的光。我以为，这下子天下太平了。

可惜好事多磨，瞬间风波又起。"操控"竟自从门后走出来，不怀好意地说："我想你应该知道，你母亲绝对不同

意你这样做！”

“理智”向前一步冷静地答道：“你说的对，我的母亲时常否定我的意见。她常认为我的做法不可思议，还可能因我的改变而忧愁。她一向认为愤怒除了会招来麻烦之外一无是处。在她的观念里，唯一的方式就是隐忍。”

“操控”原以为自己的话会引发一场激烈的争执，哪承想“理智”竟如此冷静应答，他也只有弃甲的分了，更何况“理智”之言显然颇具深意。又过了一会儿，一件更令人吃

惊的事发生了："操控"决定促成这件好事——这连他自己也有一些意外。

对此巨变，"爱"显得颇不放心："当你母亲发现你不但任由怒气滋生，还任其发泄，你能肯定她仍然会爱你、接受你吗？"主人答道："也许这一切发生得有点突然，她不能马上接受，但是我会耐心地引导她明白，我表达内心的愤怒并非要违背她的教导，而是在寻求自身的健康与成长。"

这时，温度计的指示再度停在"新的可能"上，金色的灯发着光。

舞台上恢复了祥和的气氛。"幽默"换了一副面孔又出现了："你们说好笑不好笑，我们竟然误以为表达内心的感觉会招致伤害，并因此被嫌弃。这不是很荒谬吗！"好一句突然冒出来的灵性又富哲理的话！

忽然，"嫉妒"开口挑衅："别人觉得难过的时候，你们怎么能够这么高兴呢？"

"理智"非常耐心地跟"嫉妒"说："别着急，其实我们可以既表达自己内心的感受又不去责备对方。我领悟了一个道理：自身的愉快和他人的情绪之间，并没有什么本质的联系。小时候我有一个错误的想法，总以为母亲微笑是因为我乖巧，皱眉则源于我不听话，她的微笑和皱眉都由我而起，于是就理所当然地认为我应该为母亲的情绪负责任。但事实上，母亲可能因为很多其他原因或悲或喜，我幼稚的想法不是很傻吗？再换一个角度，即使我真的能够决定别人的快乐或者不快乐，那他人的自主和尊严又何在？这其实是对他人自尊的侮辱。我需要的，只是把自己内心真实的感觉真诚地表达出来，并且期望他人也如此待我。一旦真诚的沟通建立起来，我就再也不用因隐藏自己的真实想法而受苦了，更不会怪罪于他人，白白浪费精力。于是，精力得以释放，我们就可以用更加自由和丰沛的活力去做更有意义、更益于他人的事了。”

当“理智”侃侃而谈时，“好奇”一直跑来跑去，还不时地停下来窥望。“理智”的话音刚落，“好奇”就径自挤到前面，说："你是说无论何时何地事情都会如你所愿地发展吗？我可见过你们恼怒的样子，那气氛超恐怖！虽然目前雨过天晴了，但是，你觉得以后永远都不会再现那种乌云密布的情况了？"

"理智""权力""爱"都笑了，"理智"解释道："天下当然没有十全十美的事情，每一种境遇也不可能永远不变。人生不如意事十之八九，重要的不是不如意的事情是否发生，而是发生了该如何面对它，学会在乌云蔽日时如何自处。如果能够学会清晰地表达自己、觉察并接受自己的感觉，情况就会改观。愤怒之时不必掩藏内心的怒气，可以简明地告诉自己：我觉得我生气了。要学会使用'我觉得'而避免说'你使我觉得'。你们有没有发现我们这里加入了一位新人？"

大家四处寻找。突然，一个身着绿色衣服头戴长长尖尖的帽子的小矮人轻盈地跳到了舞台中央。他的手中高举着一个牌子，上面写道："新的可能"。他用悦耳的声音说："只有在简单、自由、相互理解的氛围中，以及人们愿意寻求新的尝试时，我才会出现。”

至此，大家全部围绕着主人站了一圈。他们面对主人，坦然将自己献上。他们的名字从“无助”到“有益”，从“无望”到“希望”，从“无力”到“有力”，从“愤怒”到“喜悦”，不一而足。他们齐心协力要帮助主人去了解自己，面对挑战，学习爱的真谛。主人也开口致谢，说道：“你们都是属于我的一部分。有时你们来势汹汹，几乎令我窒息，有时我只能故意忽视你们。但是，我很感激你们每一次都拼尽全力地引起我的注意。我现在也学习到了，只要我肯接纳你们，我就能掌握自己。”

温度计的指示指向了一百度，金色的灯大放光彩。红灯偶尔即闪即灭，整个舞台充斥着喜悦的气氛。这是一个完美的结局。

你的资源轮

从上面的内心舞台剧中，我们学到了什么？

首先，你可能还没有发现自己的内在有那么多的“部分”，无论你是否认识到他们，他们都真实地存在于那里。如果能够认识并了解这些“部分”，就可以帮助我们来控制他们，而非沦为他们的奴隶。这里的每一个“部分”都是你重要的内在资源与能力，他们各有用途，若能够让各个部分得以和谐，你就能获得更大的幸福感。

对每一个人来说，拥有许多心的面貌是一个平凡、日常的经验。我们每天清晨从梦中醒来，身体都会经历许多的变化。睡眼迷离的样子可能给人一种冷淡的感觉，我们暂且称为“冷漠的面貌”；当我们心存爱意时，那是一张“可爱的面貌”；当我们满心疑虑时，呈现的是“困惑的面貌”；在酒足饭饱之后，出现更多的是“满意的面貌”；当我们遭遇挫折，或受到不公的待遇时，露出的是“愤怒的面貌”；当不小心做了蠢事时，则会露出“愚蠢的面貌”。我们每个人的生活都会在不同阶段呈现这些不同的面貌。

我们常常在心里将上述各种面貌分为“好的”或“坏的”。但是，你愿意相信吗，无论我们过去如何评判，这些不同的面貌都为我们带来了好处，因为他们本身就蕴藏着巨大的能量。许多人每天为了面子而活，耗尽了自己全部的气力，招致满面倦容，内心又一直在挣扎。第一幕上演的种种，就是其内心的映射。

现在，我们再来看看已知的各个面貌。也许你曾将他们区分为“好的”或“坏的”，但事实上，每一种面貌都蕴藏着新的力量、新的可能，无论你如何评价他们。这正如美貌蒙尘，我们需要做的只是拂去尘埃，使美丽的容颜再度焕发光彩而已。

在哥伦布发现新大陆以前，全世界的人都认为地球是平的，而当时所有的思想似乎都印证了这一信念。但如果今天有人高呼地球是平的，相信大家都会嗤之以鼻吧。这是因为二十世纪科学已经非常发达，所以哥伦布时代的古老信念才会显得可笑。

但人类本身又何尝不是这样呢？长久以来，我们都自认能力有限，喜欢将自己分类、贴标签、加以批判，然后为自己设限，认为永远无法超越某个范围。由此，我们便将人生的目标设定为符合那个既定范围的一点，从不敢奢望实现自我、达成幸福人生。幸运的是，今日的我们终于开始体认到，我们曾因人类古老的信念和思想而过分束缚了自己，我们在沉重的传统中几乎使鲜活的生命窒息。只有我们接纳了自己的内在世界，才能够真正去接纳别人，并由此与他人联结，获得和谐的人生。反之，如果我们忙于判断、批判是非对错，便再无精力去认识自我或欣赏他人了。

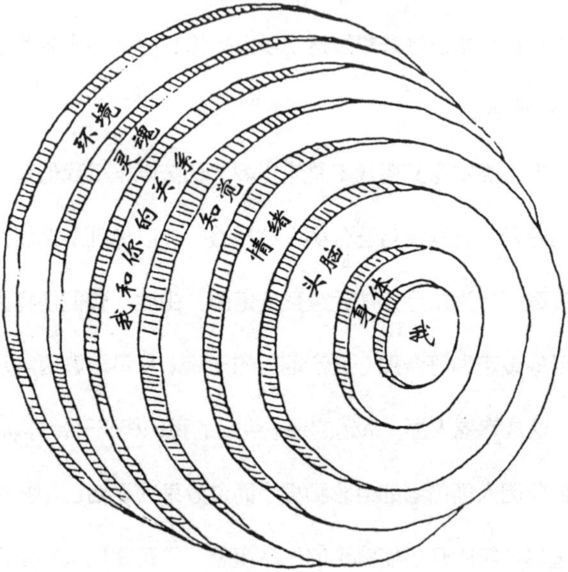

在内心的舞台上，有一个巨大的“资源轮”。让我们先把它抬出来，拭去上面的灰尘，详细观察。在资源轮第一层的中央，是一个大大的“我”字，周围写着“身体”——“我”的居住地。第二层是“头脑”，也可称之为“队长”，它帮助我们分析所见所闻。第三层是“情绪”，那是我们品尝的“汁液”——痛苦、快乐、愤怒、困惑——它给予我们感觉。第四层与我们的感官相关，是“知觉”层，包括我们的眼睛、耳朵、鼻子、嘴、皮肤上的毛孔等，是外界刺激输入和内在信息输出的通道——假如将一个人的五官和全身皮肤完全封闭起来，他不久就会死亡，即使留出一小部分用于呼吸，要不了多久仍会头晕目眩、神志不清，如行尸走肉。第五层是“我和你的关系”，没有人可以真正独居，没有双亲我们便不可能来到这个世界，之后无可避免地会和他人发生联系，这些关系对于我们的健康、自我认知及自我价值等均产生着深远的影响，换言之，这一层是我们的“沟通层”。而最重要的一层，便是“灵魂”，无论我们如何称呼它、定义它，它就是我们生命的核心——任何人都能够在药店买到构成人体成分的各种化学制剂，大概总共花费三点五美金即可，但没有人能够用这些化学成分制造出一个活生生的人，其关键就在“灵魂”——灵魂是每个生命的本质。这一切的存在都以最后一层为必要条件，这一层由时间、空间、光、空气、水、声音、颜色、天气、季节等组合而成，它是“环境”。

“资源轮”的各层向外无限延展，形成了宇宙。我们是这个宇宙的一部分，是一种神奇的存在。“资源轮”的每一层都有生命存在，彼此影响。比如，我们的感觉影响着我们的想法，我们的想法和感觉又受到身体的影响，而我们的身体和感觉又影响着我们的思想。它们交织成一张细密、完整的网，每时每刻都在变动着、运行着。我们要真正了解自己是如何对待“自我”和别人的，就必然要先揭示这张网是如何彼此影响和运作的。

我们无须成为专家，只要尽力去发现，就能了解各个层面是如何交互作用的。虽然其中每一层的功能不同，但没有任何一层可以脱离其他而独立存在。它们需要整合起来，才能发挥最高的效能。

下面让我们来做个有趣的游戏吧。我们画出自己的资源轮，在每一层上都涂上自己感觉最适合的颜色，并将把它们叠加在一起，成就你独特的“资源轮”。以我为例，我喜欢把“我”留成白色，“身体”是漂亮的天蓝色，“头脑”是珍珠色，“情绪”是柔和的玫瑰红色，“知觉”是明亮的绿色，“我和你的关系”是开朗的浅褐色，“灵魂”是灿烂的金色，时空的“环境”是深绿色，而“宇宙”是亮丽的紫色。你所选择的颜色或许与我的不同，这没关系。这个游戏的意义是提醒我们注意到我们所拥有的每一个部分，以及每一个部分所带给我们的不同感觉。若你对音乐更敏感，还可以为每一层配上一种乐器，然后再谱一首曲子，这样你就可以演奏属于自己的交响乐了！

让我们继续幻想吧。我的“身体”中央（即“我”的部分）仿佛有太阳闪耀，它的光芒照耀四方、色彩纷呈，你能感觉到自己仿佛向四面八方伸展开来。闪耀的太阳从不真正失去光芒，日落只是我们所处的角度带来的。虽然夜里我们感觉不到阳光的温暖，但天亮之后它一定在那里，生生不息——这就是信心，纵然不能眼见，仍旧坚信它的存在。

夜晚虽不见阳光，月光和星光之美却别有情趣。我们既要在烈日当空时享受阳光的温暖，也要在月光皎洁时欣赏月色的宁静，接受太阳与月亮之间的差异，不妄求月亮发出太阳的光与热，也不要求太阳成为柔和的伴侣。我们若能怀着坦荡的胸襟，不妄想、不固求，世界的“应该清单”就不会再带给我们压力，反而成为良师益友。只有当我们认为某些“应该”是恰当的，才需要尽力去做好。

探索自己对所见、所闻、所感的反应，以及我们对自己的面貌感想如何，就是发现自我本相的开始。我们与自己各个部分的关系千变万化，实在难以轻易掌握。

在上面内心的舞台上，我们看到了两种不同的情形，或者说两种不同的可能。在落幕时分，事情好似有了转机，这是第二幕的关键所在。雨过天晴以后，当我们发现了新的可能，并拓展了我们的心胸，人生就会一下子海阔天空起来。当我们能掌管自己时，就会充满希望与活力，人生的道路也变得更加光明、平坦。这就是我们的愿望，是人生必经之历程，也是我们一生中最珍贵的机缘。

别有洞见

著名的面貌

新的想法与信念是产生新机会的第一步，我们愿意付诸行动去探索则是第二步。固守我们所熟悉的一切，能够给予我们安全感，而面向未知的探险，却让我们心生胆怯。到一个未知的地方（无论真实的还是象征意义上的），人们一般会有两种反应：兴奋，或者恐惧。两种情绪皆与身体相关，且同源而生。

弗里茨·皮尔斯（Fritz Perls）曾说：“在惶恐不安之

中，若你慢慢深吸一口气，便可以感到一丝兴奋油然而生；若你屏住呼吸，恐惧将再次袭上心头。”我想说：迈向一个全新的领域——无论是新的想法、未到过的地方，还是新的方向——一定会同时包含兴奋与恐惧，而这两种截然不同的情绪都是促使我们进入改变过程的动力。在激变中，能够帮助我们维持平衡的一件重要的事，就是有意识的深呼吸，因为它可以验证我们依然活着。可惜的是，许多人对未来充满恐怖的幻想，以致无法做出新的尝试。

如果我们让自己进入一个全然陌生的地方时怀抱着三种期待而非只有一种，情况会不会不同？怀着三种期待，目的是让自己拥有更多的选择，只要其中的一种成真就足以让人快乐起来。我发现这个方法确实很好，只要我能坚持下来，总可以毫不勉强、顺心地接受新的事物。

以我个人的经验，即使有时三种期待全部落空，也会有我想都没有想到的机会冒出来，甚至超越期待让我喜出望外。当然，结果也可能沉闷无趣，或是具有危险性，但终不至于索人性命，所以无须惧怕，最糟糕不过一场教训而已，但如果顺利，就可经历许多新奇与美妙了，岂不划算？

要打开新机会的门，最关键的一步就是允许自己冒险踏入未知的世界。如果徒有幻想而没有行动，幻想终是镜中花、水中月。这个世界曾有过多少瑰丽的幻想和机会啊，却只因人们的胆怯而消逝了。多可惜！

很多人认为维持现状才是避免麻烦、混乱和困扰的最佳方法，却不知故步自封才是扼杀新机会的罪魁祸首。没有人愿意陷入困扰之中，但事实是任何改变都必经这三个阶段：第一，蜜月期，即兴奋和焦虑的共生期；第二，陌生与混乱期，此时一切都令人止步思索何以陷身此境；第三，整合期，新事物逐渐变得熟悉而令人舒适。维持现状为的是保证安全感，并避免困扰和混乱的发生，而困扰和混乱一向被视为有害之事，人们不愿视之为改变过程中必经的阶段而接受它。多少人终其一生都在固守陈规，那样的岁月虽然安稳，却了无生趣！维持现状的人也许认为那是唯一正确的，但如果他能将这视为一种选择而非必然，新的机会就会自然出现。

我童年时，总会不停督促自己去寻找那“唯一正确”的方法，其实，所谓“唯一正确”的方法不过就是别人所认可的方法罢了，我却在孜孜不倦地奉行。“世界应该清单”曾是我的不二守则，而我的回报却是痛苦和磨难。如今我才醒悟，对孩童而言，在学会自己大小便之后，尿布就会从恩物变成累赘，而我从前所竭力追求的“唯一正确”的方法，也在阅历丰富之后显得滑稽可笑。我必须时时更新自己，幼时紧抓不放的“真理”，终应让它随着岁月逝去，不必留恋。

此外，我还发现一种现象。当我遵循“唯一正确”而活时，我只能维持一种特定的面貌，其他的面貌都必须将之隐藏。这也解释了我在四十岁以前为何总是病怏怏的，我所做的实际上是在一味拒绝自身内在的鲜活生命力，强行将之压抑，天长日久身体便因这种抗拒而受到损耗。人们确实经常做愚蠢的事，只有当我们冷静回首时，才能从中汲取些许教训。

探索新的机会，不能光凭幻想，更需要一点冒险的精神，和一个充满爱与信任的氛围。我的生活中总是不断有人告诉我应该这样做、应该那样做（不过依他们自己的想法而已），而我最常听到的就是要我不要太固执。于是，我便在信任和爱的氛围中开始觉察自己，我是否的确有些固执？我发现，当爱和谅解出现，我会非常愿意改善自己。当然这需要一步一步展开，不是一蹴而就的事。即使进展缓慢，我也不愿放弃这样改善自己的机会。多年来，我的这一尝试使我获益匪浅，虽然回想时难免会为自己的笨拙哑然失笑。

探索新的机会，并不意味着我们必须抛弃过去的一切。我更愿意将之视为一种定期的整理——把适宜的留下，将不合时宜的舍弃，并加入一些有价值的新东西。新事物的出现必然会引发短暂的混乱和困扰，我们若能接受这个事实并保持觉察，新事物就会出乎意料地迅速融入我们的生命，浑然天成。这有点像我们的婚姻，你并不需要完全抛弃原来的亲朋，但为了建立一个和谐的新关系，势必要做出某种程度的调适。

一部分人是因形势所迫才不得不改变的，他们往往身不由己地被一股强大的力量推至完全陌生的险境，不得不去应对。对某些人而言，这是改变的唯一可能。其实我们不必要凭借不幸发生时的外力来推动自己改变，如果愿意尝试一种新的、开放的态度，主动地、有目的地觉察自我的各种面貌，那么在新的觉察下，自我的许多面貌就会为我们带来新的机会和更广阔的天空。我们也因此获得成长，成为一个新的人。而且，这也为未来可能源源不断的新改变留下空间，使生命得以不断扩展，甚至充满挑战和希望。

再让我们用极富趣味性和戏剧性的方法来探讨这许多“心的面貌”。极力发挥你的想象，想象那些曾经吸引你、令你感觉温暖的著名人物。历史人物、电影明星、运动健将、企业家、宗教领袖，或是任何特殊人物，哪怕滑稽小丑、童话人物，都可以成为你想象的对象。然后，让我们再想象一些给予我们压力、令人讨厌的人物（两项的人数加起来要大于六），把他们的名字依序写在纸上。在每个名字的下面，

写上他的典型描述，一个形容词即可。

以我自己的名单为例：

罗斯福夫人——富同情心的

玛丽莲·梦露——性感的

亨利八世——自私的

“靴子中的老妇人”——过度辛劳的

亚里士多德——睿智的

耶稣基督——慈爱的

杰克·雷蒙——滑稽有趣的

“玛莉，正好相反的玛莉”——固执的

然后我将这些形容词分类，分为积极性的和否定性的。

积极性的有：富同情心的、性感的、睿智的、慈爱的、滑稽有趣的。这些是我乐于拥有的“面孔”，而自私的、过度辛劳的和固执的，则是否定性的面貌。当我还不了解人的内心世界时，我曾极力排斥这些被我视为否定性的面貌（但几乎从未成功过），但我现在认识到，每一个否定性的部分皆有其价值，每一个积极性的部分也潜伏着破坏力的萌芽。比如，在特定状况下，我固执的个性会帮助我保护自己或促使我择善固之，但若滥用它，它的作用将会是破坏性和伤害性的。再以“亨利八世”的自私性为例，在受人欺负、被迫行恶或被迫接受自己不喜欢的事物时，自私则可以彰显出它的益处。

再以“罗斯福夫人”的同情心为例，同情心固然可贵，但我们更需要以智慧鉴别人事物，这时最重要的就不是“罗斯福夫人”而是“亚里士多德”了。再说性感，没有一个女人不以自己的性感为傲，但若一直沾沾自喜，便犯了固执的错误。更有人因为性感曾遭受误解，于是完全地将之抛之弃之，这不又是因噎废食吗？

既然这些不同的面貌都是我们内在的一部分，我们何不将之称为“我的罗斯福夫人”“我的玛丽莲•梦露”“我的亨利八世”“我的靴中的老妇人”“我的亚里士多德”“我的耶稣基督”“我的杰克•雷蒙”和“我的玛莉，正好相反的玛莉”呢。

让我们想象一下所有这些名人面对面的情景：亨利八世会对罗斯福夫人说什么话？罗斯福夫人会如何回答？耶稣基督见了玛丽莲•梦露会谈什么？杰克•雷蒙在耶稣基督和玛丽莲•梦露之间会不会说一连串的趣话？也许你觉得这样的情景简直匪夷所思，但事实上我们的内心世界经常发生类似的对话。你还记得第一幕中“内心的舞台”上所出演的一幕幕吗？我们也会常常感觉到内心的冲突和撕扯的痛苦。有时我们的各个部分在大声尖叫，苦于找不到出口，痛苦不堪的我们就会呆若木鸡，无所适从，或者做出错误的决定。

这些否定性的部分如同饥饿的狼犬，我们以往只能把它们关起来，于是我们就做了一个牢笼将它锁住（否认它的存在），不到万不得已绝对不去喂养它。可是，狼犬忍受不了饥饿，便开始咆哮，然后我们又加强警戒，生怕一不留神，它们会破笼而出闯下大祸。但是长时间的紧张戒备也是最消耗人的心智的。于是我们心力交瘁，继而悲观、绝望。这时，我们便喜欢将责任推到别人身上，并自暴自弃地说："我真的没有办法了。"

其实解决的方法很简单。我们再也无须处心积虑地严加防范，而应该尝试去注意、关心、了解它们。这样我们原来用以警戒的精力，就转化为探求真相和做出改变的力量了。

换个角度再看这些问题，狼犬不过需要耐心的教导而已。训练动物需要付出爱心、奖赏和耐性。你是否愿意对自己付出耐心，爱护自己并且赞美自己呢？狼犬还代表尚未结识的朋友或伙伴，许多人误以为它们带有暴戾之气，其实我们和其他生物并无二致——我们都在为生存而奋斗。

植物不会因你的命令而加速生长，也不会因你的咒骂而迅速枯萎，它们也许不如人聪明，却永远依照自然规律而生长。我们能做的，是去爱惜花草，照顾它们，了解它们的需要，给予它们足够的阳光、水和养分，它们便会自然生长。我们内心的“面貌”所需相同。

旋转木马

人的外表是内在世界的映射。让我们一起去游乐园玩玩旋转木马，看看我们的内在是如何决定外表的。

喜欢坐旋转木马的通常是孩子，但许多成年人也在心底默默怀念坐旋转木马的童年。旋转木马上有各式各样的美丽木马，会随着音乐的节拍上下跳动，音乐则从圆场中央的操控室传出来。现在让我们一起来想象：这个旋转木马上面有十二匹木马，每匹木马分别是一种“我的面貌”，我们站立一旁，做一个细心的旁观者。

我们首先要给这些面貌一一命名。可以使用玛丽莲•梦露、亚里士多德这样的名字，也可以使用愤怒、爱、理智之类的名字。

然后观察这些旋转中的木马，看一看当你的目光定位到每一个木马上时你会有什么反应。多观察几遍，然后清楚地告诉自己：“这是我的许多面貌。”其中有一些是你熟悉的，有一些是你喜欢的，其他的是你不愿意接受的。你一个一个去看、去想，回想它们出现时的情景，看看能否从每一种面貌中寻找出新的意义。如果你发现还少一些面貌，就再加一匹木马上去。在这个过程中，你将经历各种情感的变化：悲伤的、充满希望的、愤怒的、快乐的、幸福的，等等。记住，无论这些情绪是好的还是不好的，它们都属于你。只要善待它们，你的许多面貌就会助你成长。

也许你会发现，你的某一种面貌依然处于婴儿阶段。例如，你生气时的样子三十年来丝毫未变。当你两岁时，一生气就噘嘴绷脸，三十二岁时完全一样。但你是否想过，除了噘嘴绷脸还有别的方式可以表达愤怒？也许你可以尝试说出你的感受，并觉察生气的原因。虽然你表现出来的是愤怒，但你真正的感受会不会是无力的挫败感？在绝望之中的你会不会怒吼？当你认识到愤怒可以有许多不同的面貌时，能否为你带来一些启迪和帮助？

再以兴奋为例。十二岁时，当你兴奋不已，你往往需要即刻的满足——找人倾诉，立刻、马上。而现在你二十六岁了，你兴奋时的反应如出一辙。你以为这是你的天性，但你是否想过这也许能改变？你是否可能先一个人待一会儿，体会兴奋带给你的愉悦感受，或者邀请某位友人与你分享，或者画一幅画、唱一首歌，甚至跑上一公里？

最后，再看看彷徨无助的面貌。十六岁时，当你感到软弱无力，你会窘迫难堪，恨不得躲进哪里再不出来。如今六十二岁的你，感觉无助时依然一味地隐藏。但你是否愿意去尝试一下直截了当地求助，并告诉自己这没什么大不了，因为人人都会经历这样的时刻？你的无助也许来自对自己必须达成某种目标的过分要求。无助感经常是伪装的挫折感，只要了解了这一点，你就能迈开新的脚步。

遵循上面的过程，请逐一觉察你的各种面貌，尝试不同的选择。当你这样做的时候，你的人生将幡然改观。你是否感受到有一股新生的力量开始涌现，并且新的责任感随之而生？当我们允许自己有所选择，并能够从这些选择中找出最适于我们的那一种，我们就能成为自己的主人，而不再依赖外在世界。

曾经，我以为我必须把自身那些“不好的部分”全部毁掉。如今的我已经体认到，把它们当作好朋友更使我受益匪浅。

遇到困难时，不逃避而是迎接它，似乎有点愚蠢，但逃避只会加重压力，越逃避就会越恐惧，困难非但永远不会自动消失，更会像滚雪球一样越来越大。而当我们勇敢面对它，认清它，才有机会找到解决的方法。我编了一个顺口溜：“你越紧张，眼越瞎，耳越聋，行动越发愚蠢无能。”人们在危险的境遇中，需要凝聚所有的智慧和力量以应对变化。无谓的紧张徒然浪费精力，除了使人手足无措，毫无用处。

前面谈论了处理情绪的方法，不要让一时的冲动乱了方寸。但还有一种说法要引起我们的警觉，即认为人要顺从他人的意见，绝不能伤害他人或令人失望。这种一味顺从的人的一生永远被“他人是否高兴”这个问题纠缠，苦不堪言。这岂不是将自己置于不顾，而将人生的主宰权拱手让人吗？

在我们的生命中，一定会拥有一些对我们来说具有特殊意义的人，我们因此享有亲密的人际关系。然而无论这种关系有多深刻、多特殊，实际上我们并不能看透任何人，包括最亲密的人。我们每个人都是独一无二的，我们必须帮助他人来了解自己。了解自己的最好方法是与他人分享我们的内在感觉，但也要有拒绝的勇气。拒绝自然会引发他人一定程度的失望，但我们须知失望不过是人类普通而健康的情绪之一，不必竭力回避。一个人能真实地说“不”，才能诚实地说“好”。这样的态度能够帮助我们“做自己”，而不必伪装。

当有人与我分享他内心的感觉时，我总是乐于倾听，但从不刨根问底，更不要求他为我的情绪好坏负责。我有自己的立场，无论是否令人愉快，我都会坚持。我也希望他人如此待我，不要误解我或冤枉我。一旦我试图隐藏某些面貌，或拒绝接纳它们，我就会不自觉地开始伪装，发出虚假而混乱的信息。除非我能够及时认识到自己的面貌，并且自控，否则就无法面对成功与失败的真相。也只有当我接受自己不过是血肉之躯的事实，才能真正去接纳他人。

人生一如汪洋，有潮起潮落，有波平如镜，有波涛险恶。人的一生有时兴高采烈、万事顺心，有时悲伤困苦、生气全无。潮汐是海洋的律动，所有的海洋生物赖之为生，潮汐也是海洋对宇宙的一种自然能量反应。

人类亦如此。各种面貌属于人的天性，也是人的生活和成长过程中的必然。时而阳光灿然，时而风雨飘摇，都是人生的律动。因此，我们对自己的“暴风雨”和“阳光”面貌应该一视同仁，因为它们都是自然的存在。怒气满怀时，我们用不着装出一副快乐的表情；快乐兴奋时，也不必装作疑惑不安。

从另一个层次而言，“许多面貌”是我们应付人生各种境遇的丰富资源。认识自己的内心世界，爱惜我们的各个部分，帮助它们成长、和谐，是我们永无止境的成长之路，正待我们全力以赴。我接受它们因为它们是人性的必然，无论世俗所谓的好与坏。就像考古学家专心挖掘珍贵的古物一样，我们也在自己的内在世界进行着伟大的挖掘。我是自我的领导者而非奴隶，所以我要采取主动，不再让他人越俎代庖了。

哪一个才是真正的我?

你是否问过自己这样的问题:"哪一个才是真正的我?"我常听到有人说:"我是那样做了,不过,那不是真正的我做的。""我"就是那个会说话、会行动、会吃喝、会睡觉、会解数学问题、会狂想、会犯错的人。"我"有时整洁,有时邋遢，有时能解决大小难题，有时却束手无策，有时自觉一无是处，有时又自认充满魅力，有时挑剔别人，有时又被人挑剔。可是，哪一个才是真正的“我”呢？事实上“我”就是所有这些“我”的总和。

我们拥有内在和外在世界的一切，包括梦想、愿望、言行、作为。它们是自我管理的前提，因为我们无法管理非自身的东西。我们不妨将自己的所有列成一张清单，并在每一项之前都注明“我的”二字。例如，我的梦想、我的愿望、我的过错、我的愤怒，等等。然后，请静静体味这种拥有自己的感觉，是否别有滋味？你可以独自完成这个尝试，不要忽略任何自己手中的资源，你会发现自己所掌握的竟有如此之多！最后，带着敬畏之心大声说出下面的话（要是有他人在场，可以在心中大声地说）：“现在，你们都是属于我的，未来同样如此！”如果你想做出一些改变，就直接命令它们好了。你是主人，它们定会听命。

刚开始对你而言，这种真正拥有自己的感觉也许非常怪异，因为你刚刚发现自己竟有如此多的宝藏（或者还有几枚炸弹！）。对我而言，这个经验是极富震撼力的。我开始领悟到：也许我不必要求自己立刻有翻天覆地的变化，一口气将所有自己觉得不完美的地方改正，而是可以先从最紧要的那一项改变开始，其他部分待时机成熟后再逐一改正也不错。这些待修整的部分再也不必如芒在背般不去不快，可以等待机会分别处之。

现在我们回归那个问题："哪一个是真正的我？"答案是：我就是我所拥有的所有之和。上天赋予我的一切都归于我，这就是"我"。平心静气地接受这个事实，能帮助我们踏出改变的第一步。我是世界上唯一完全如我的人。

唯一如我的人就是我。

我是世界上唯一如我的人。这句话有点令人畏惧。若果真如此，谁还愿意与我做朋友呢？但是，这句话也彰显了我独特的气质，不更该令人欣喜吗？人类的生命同源，人与人之间自然具有基本的类似。例如，我们的生理机能和神经系统几乎没有差异。但每一个人又都具有与众不同的特质。以指纹为例，我们的手指具有相同的肌肉组织，功能也一致，但世界上没有任何两个指纹会完全相同。而人类彼此吸引的地方就是个人的特质。世界上每一个人和任何其他人之间都存在着差异，绝对没有两个人是完全相同的。

我们全身骨骼的结构和作用也是相同的，但仔细观察，各人的骨骼长短、宽度甚至弧度，仍然因人而异。

人的皮肤一旦靠近高温物体就会被灼伤，无论皮肤颜色也无论散发高温的物体是何都没有区别。但虽然人类的皮肤娇弱是不争的事实，被灼伤后的状态却有千百种可能，这也可被称为灼伤的“多样性”。而人与人之间的差异，就和皮肤被灼伤的状态一样繁多，差别在于对相同事物不同的看法、认识和应对态度。

“多样性”和“差异”是不同的。在花园里欣赏千姿百态的花朵时，我们只会想到花的“多样性”。争奇斗艳的花朵是令人赏心悦目的，“多样性”是值得欣赏的特质。一群人聚集在一起，他们之间的多样性和花儿的颜色、香气的不同没什么不同。但我们往往认为那是“差异”，害怕和防卫之心即刻而生。

我们对人与对花的心态为什么有如此大的区别呢？若我们能把不同的人看成不同的花朵，好感就会随之而来，并且可以抱着欣赏的态度去探索其趣事了。我们去国外旅游的乐趣，不正在于欣赏外国人独特的生活方式和不同的面貌吗？所遇之人，总会与我们不同，我们若尝试以好奇之心学习相处之道，把不同意见看作人与人之间的“差异”——“差异”是“变化”的结果，而变化是人类的本质——这样我们就不容易再怀恐惧与攻击心，而能集中心力寻找与他人和谐相处之道了。

每个人的内心中都深藏情感，人与人之间亦存在情感的联结。每个人都会感觉到痛苦、快乐、愤怒等各种复杂的情感，但每个人对待同样境遇的反应却大为不同。相同的情形下，有人会开怀大笑，有人却失声痛哭，而某件令人恐惧的事，可能会使另一个人莫名兴奋。这种差别因人而异。如果我们确信自己是世界上唯一如我的人，那么与人相处时，不妨倾心探求相似、相异之处。不要误以为彼此年龄相仿、背景相似或处于关系之中，感觉和反应就应该是完全一样的。对我而言，每个人都呈现给我一个宝贵的学习机会，让我认识一种新的“变化”，使我对自己的感观也时时更新。因此，我的许多面貌是我的资产，增强了我的能力而非对我造成困扰。

我的许多面貌帮助我成长、充盈自身，快乐地生活，却从不要求我放弃自己的喜好。这就像面对著名餐厅中琳琅满目的菜品一样，我并不会全部尝试，而只选择自己所爱就好。但那口味不适合我的并不会被拒绝、被厌弃，仅仅是置之一旁而已，更不会去责怪餐厅为什么要将它们留在菜单上。这其中的差别极其微妙，常不被体察。许多人常把“依着自己的本性生活”与“拒绝或压制他人”这两件完全不同的事相混淆，好像不牵制住他人便无法维持真我似的。超级市场为人们准备了形形色色的货品任君选择，人们只需依照个人所好挑选即可，有营养又美味的食物往往是最受人欢迎的。

人与人相处亦如此。有些人也许不是我们喜欢的，但这并不表示他们不好，不过是气味不投罢了。我们可以尝试去接受从前不喜欢或不了解的人事物。但人们常常在还没有真正尝试之前，就武断地说这不适合自己。有时则浅尝辄止，不愿进一步获得真正的了解。其实，我们对不认识或不熟悉的人，应该多一些努力去探究，等真正了解后再做判断也不晚。人与人的相处之道，不外乎常见面、深入了解和择友而交这三个阶段而已。

我们需要认识到：内在世界也是会变化的。我们的经验其实是一连串的分析、归纳、改变、加强或放弃的过程。这也是奇迹的一部分。无论我们的内在世界如何改变或者一成不变，我们永远是世界上唯一如我的人。

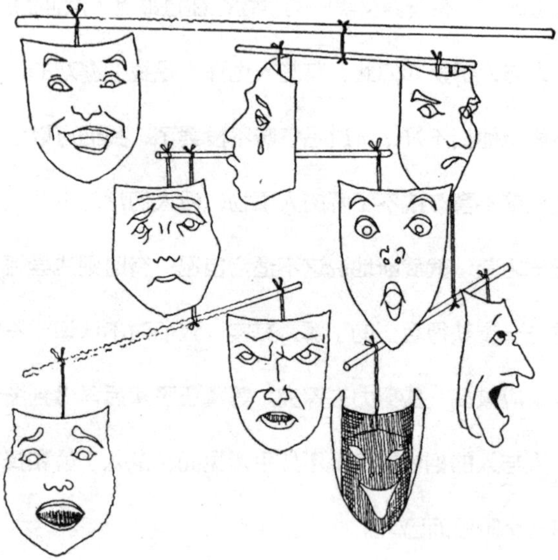

你是一件动态的艺术品

现在，我希望你想象自己的许多面貌是一件动态的艺术品。“平衡”是它的首要任务。你可以挑选各种大小、颜色、材质和重量的东西，把它们或近或远、或正或斜地系住，做出一个美妙的平衡的整体。“动态的艺术品”是我们内在各个部分的一个比喻，平衡、再平衡是人生的真谛。“平衡”是和谐的同义词，不和谐的人生是抑郁、黑暗的。

由于改变不断发生，随时有各种新事物加入，重新获取平衡是很重要的。以人的身体为例，平衡的身体的各部分不需要其他部分的帮助就可自我支持，如双腿能直立站稳，两臂悬垂于身体两侧，头立于脖颈之上。这是母亲要求孩子“立正”的姿势，也是身体平衡的姿势。然而，如果只有这一种姿势，我们就无法做游戏、奔跑、跳跃、行走，或者做其他事。当我们从立正转为其他姿势时，要注意不能伤害到身体的任何一部分。笨拙的动作实际就是不平衡的姿态。我们可以倒立、金鸡独立或像跳芭蕾舞一样在空中跃起，但做这些动作时，人体的各个部分必须紧密配合才能重获平衡。人生中重要的不是寻找唯一正确的姿势，而是随情境及时调整姿态，以符合情境需要的方式重新获得平衡。

儿时我很喜欢扮鬼脸，母亲常对我说：“小心哦，你要是总这样子的话脸就永远变成那样喽。”有些人千辛万苦地找到那“唯一正确”的姿势后，就希望永远保持不变，不久整个人就僵化了。我们无法把所有平衡的姿势一一列出，平衡是一种感觉——感觉身体的姿态，感觉力量的凝聚与配合，感觉对身体其他部分的支撑。我们处在不断的改变中，而改变必定引起一时的不平衡（对新变化的害怕和兴奋），甚至有时会带来混乱与困扰。“不平衡”可能体现在身体的疾病上，也可能是内心的冲突、无力的感觉或者心灵的孤寂。任何一种不平衡都是我们内在改变的征兆，在重新获得平衡之前，一时的不平衡是无法避免的。这是完全正常的自然过程。

有了上面的认识，在不平衡发生时我们就不必再惊慌失措了。静下心来探究它，偶尔犯错也无妨。若人们一直坚持将不平衡等同于危险或失败的征兆，恐惧就会将他淹没。这种情境下的拼命挣扎往往会在不知不觉中铸成大错。每个人对于自己应该成为什么样的人都有一个想法，可人生中我们难免会有一些时刻是与个人的希望、想象与行为不相符的，由此不平衡就产生了，痛苦也如排山倒海般涌来。

面对如此境遇，很多人强迫自己做一大堆所谓“应该”的事，另一些人则干脆放弃自我，一味忍受，他们都不能看清事情的本质，无法重获心灵的平衡。

一时的不平衡和调整，是生活中的必然存在。调整时的痛苦会逐渐吞噬一个人的自我。失去平衡的感觉是可怕的，就像丧失了自我一般。这时我们需要即刻找一把椅子坐下，闭上双眼，深呼吸，然后对自己说：“我知道我的各部分失去了平衡，它们正在发出求救的信号。”然后倾听自己的各部分正在对你说些什么。正视发生的事情，找出它的需要，并努力寻找新的方向。

比如，此时你正头痛欲裂，请你先把它看作某个问题的征兆，也许是你身体的某个部分堵塞了，或者哪个部分被忽略了。也许只是因为你的肚子饿了，你的胃企图告诉你好久没吃东西了；或者是你过度紧张，因而头部的血液循环受阻；或许是你呼吸太浅，体内的氧气含量不够；或许你身处进退两难的困境，大脑陷入瘫痪需要休息；或许你正忍住冲冠怒气，自己尚未觉察。如此一来，你头痛的原因很多，一部分可能源于身体不适，一部分源于情绪问题，另一部分则源于思想的困扰。头痛不需要上述原因一一备足，单单一项就足使你头痛难忍。我们可以尝试一项一项地去分析，从而找出真正的原因。很可能你的分析结果是这样的：头痛是脑供血量不足，脑供血不足是因为很久没吃东西了，很久没吃东西是因为心情不佳，心情不佳是因为自觉一无是处，自觉一无是处是因为被人抛弃了。如此一来，你的头痛原因就清晰了。

假如你决定只要喂饱肚子就好，你的头痛可能挥之不去，因为你只解决了部分问题。如果你认为心情不好只是遭遇不幸的结果，你就不能将之和头痛联系到一起。人们常常在找出一个原因后，就误以为那就是全部了。有人认为只要这个链条中的一个问题得到改善，所有问题都可以迎刃而解。可是世上真有这样的灵丹妙药吗？如果你偶尔吃了一次荷包蛋，解决了胃痛的问题，就认为荷包蛋是治胃病的良药，此后一旦胃痛就再尝试，之后大失所望，岂不是愚不可及？

当我遇到困难时，会想象自己站在一个圆圈的中央，周围是我的各个部分。我会问自己：是哪个部分发生了问题？是我的恐惧、我的期望、我的思想，还是我的饮食、我的运动出了错？是因为别人对我说了什么话，还是天气不好令我垂头丧气？最后我可能发现，一切的不适是我吃了太多零食、久坐不动又加上被人欺骗的“总成果”。由于人们不能常常自我觉察，所以总是需要一个当头棒喝，比如身体的剧痛、挚爱的人给予的伤害、无法弥补的损失等，才能幡然醒悟内心不容忽视的问题所在。

任何精良的器械都会有偶尔出故障的时候，因此好的器械会有显示故障的部分，通常是一盏红灯。红灯亮时，我们应当立即停止它的运转，马上检查故障原因。我们的身体也一样，它也有自己的报错系统，身体失去平衡时就会有警告信息出现，我们此时最重要的工作就是立刻检查症结所在。

当我们养成一收到警告就立刻聆听并寻找问题的习惯时，会发展出非常好的应变能力。如果经过谨慎的自我觉察仍未找出事情的症结，则最好请一个人来帮助你继续探索。这个人可以是你的亲人、朋友、老师、心理咨询师，或者专业治疗师。最重要的是，他能和你一起探寻，而非告诉你应该这样做或那样做。

在不平衡刚刚出现时，我们就需要马上面对它，这一点非常重要，不然可能演出更严重的不平衡。现在我们问问自己这些问题：表达内心的需要并提出要求，是对的吗？整天关注责任和“应该”对不对？及时认识自我，不好吗？假如你很想去参加舞会，但很疲惫，而且需要完成功课，你会如何做决定？如果你是个严守“应该”的人，你最好去做“应该”的事，而舍弃自己的喜好；如果你的人生信条是做喜欢的事，那就要将责任抛诸脑后，跳舞去吧；你还可能选择了跳舞，却会一边跳舞一边深深为这样的选择而产生罪恶感。如果你属于第三种人，永远只做能够做到的事，而不顾责任或喜好，那么这种只认定一种做法的态度，其实与前两种并无太大差别。

认定一定要如何做事的人，缺少应变能力，很可能在遇到风浪的冲击时粉身碎骨。既然“以不变应万变的”大法则行不通，为何不多给自己一些调整的自由，让自己根据情况选择更合适的对策呢？拿上一个例子来说，你可以有时选择尊重责任，有时选择自己所好，有时则尽力做好可胜任之事。人的适应力远超我们的设想。有自我认知能力的人会依据特定情境做出最佳的选择，于是再不会忍受“饼干刀”下的煎熬了。“饼干刀”是我自创的词，指“无论何时何地、何种情况，都一味强迫自己做同样的事、做同样的选择”。

阅历丰富的人都明白“赢得一场战役却输掉整个战争”的含义，也懂得人生“舍得”的道理。我们所做的任何决定和尝试，必然得失互见。所以，我们完全不必坚持所谓的对错或好坏。我们的需要、责任和喜好，本可以并行。只要随时遵循当时的境遇去选择恰当的方式，便是最好的。

对于偶尔出现的过错或损失，我们要学会淡然处之。每一件事都会有不同的得与失，我们若能潇洒地调整自己的姿态，新的平衡和自我就会随之而来。

找寻自己的道路

新的可能始于我们的信念：凡事不可能永不变化，而我们内在部分能够重复调整或重新建设。我们降生伊始便展开了人生的旅程，直至生命的终点，而从出生到去世之间的岁月，可供我们凭着内在的指引走出一条属于自己的路。如果我们愿意探究自己的内在世界，愿意冒险迈入未知的境域，那这条路就可以无尽地伸展下去。

有的人在五岁的时候就已经为自己画好了一幅详细的人生地图，之后终其一生都在这幅图上奔走。另一些人则怀揣着一张海阔天空任鸟飞的情志图画，开始了人生的探索之路。

他们随遇而安，由景生情，没有什么一定之规，并能够在旅程中随时依照所见所闻和自己的意愿与判断，改道而行。

我们的第一幅地图通常只有唯一的“正确路径”、一个固定的目标和许许多多的“应该”。其衡量的标准仅仅是是非对错。这可以是在我们内在资源尚未丰富之前的一种替代的方法，但是在这种状态之下，只有少数面貌能够得到我们的允许而具有发展的生命力，其他面貌则会遭受被隐藏、压制的命运。其实，由于被隐藏的部分的牵制，那些少数被接纳的面貌也并不能发挥出其应有的生命活力。

目前，我们对人类的认知已超过大多数人的想象。这些高级的认知又逐渐成为塑造人类行为的思想源泉。你可曾想过人体的每一个细胞都有属于自己的智能，而所有的生命就是由这一个个细胞组成的吗？你知道每一个细胞的程式与整个人体甚至整个宇宙都有着密不可分的关系吗？你又是否了解我们的思想会影响细胞的成长，有时促进它，有时又严重妨碍它呢？事实是：如果我们的思想对细胞发出模糊不清的指令，或要求它们反其道而行，那么细胞就无法发挥其先天的智能了。

二十世纪是令人振奋的时代，几乎每天都有关于人类生命过程的新知出现。让我们再来审视一下多年来我们所固守的一切，问问自己：这些是否真正是适合我的？还是它们不过是别人强加于我的假真理？我们是否一直在随波逐流而不自知？

至此，我们的探险之旅已接近尾声。如果你已经开始正视新的可能，并掌握了一些新的讯息、方法，就请你继续这未完的旅程吧。生命只有一次，它是属于你自己的。你就是一名构建自我的建筑师，你的建筑材料就是你的许多面貌——世界上唯一完全如你的“你”。

我建议你现在坐下，把所有你喜欢做的事列出一个清单，包括你愿意尝试的新态度，和你愿意更加了解的自己的新面貌等。然后在每项下面再列出三件具体要做的事，比如读一本书，向某人请教，沉思冥想，加入一个新团队，参加一场研讨会或演讲会，等等。预拟三种不同的做法，可以打开我们的思路，挣脱旧思想的桎梏。如果你喜欢把三种不同的方法分别加以想象或幻想则更好，这样能让你增添特别的能力。当你列出清单的同时，可能还有新的念头不断涌现出来，这表示你正处于创造性的巅峰时刻。不妨将之一项一项列出，再仔细考虑。探险虽然有一个既定的目标，但从不忽视每一个路途中的新发现，而且新发现往往能够带领我们走入一个出乎意料的美妙地方。

当清单和三种做法都写好之后，我们再思考该从哪一种方法入手，但必须立刻行动。我喜欢写日记，将所发生的事和新领域中的种种探险都依时间顺序或详细记录或概而记之。

我也喜欢把自己在各种情绪、各种活动和各种人生阶段中的照片整理成册。这样我便可以逐页观赏，接纳它们成为我的一部分。这种被我称作“我的书”的画簿，同时也可加入我们挚爱的人的照片。此外，日记中的精华片段、有关新尝试的种种、自我状态的转变、我的梦想，以及我所经验的“灵光一现”，都可以收录在“我的书”里，作为我人生旅程的一种印记。

无论年龄几何，我们每个人的内在都有未被开发的领域值得探寻。越能深入探索自己，我们就越能成为一个有趣的人。同样地，越能坦然接受自己的各部分，我们就越能成为完整的和可爱的人。对他人而言，我们也变得更加真实，更可亲近。至此，我们的困惑与挣扎便成为精彩的探险，虽然痛苦仍在，但内心会充满希望，前景也无限光明。

祝你一路顺风！也祝福你在人生的旅程中不断发现藏于内在的奇迹。在此，我愿意献上我的爱和关怀，并鼓励你展开一次又一次新的探险。有一天，我们会再次相聚。